"雅行教育"理念下
学校系统化发展的研究与实践

尚雅共美 花开有声

彭滨◎编著

济南出版社

《尚雅共美 花开有声》编委会

主　编　彭滨　陈亢　李山
副主编　胡晓卉　王丛丛　赵建宝
编写人员　高奎莉　郑明杰　吴芳芳　王恩超
　　　　　李琳琳　田燕　李莎莎　刘佳
　　　　　邢建梅　宁娟　朱秀丽　张威

目 录

MU LU

第一章 理论基础与学校理念 / 1

 第一节 研究的缘起与意义 / 1

 第二节 国内外相关研究综述 / 6

 第三节 理论的溯源与建立 / 12

 第四节 学校文化与"雅行教育"理念 / 14

第二章 尚雅共美文化引领下的课程体系 / 28

 第一节 雅韵课程体系 / 28

 第二节 雅思课堂建设 / 37

 第三节 尚雅德育活动 / 44

 第四节 雅正教师示范 / 52

第三章 雅行平台共美评价：从智慧学校到智慧教育 / 63

 第一节 评价体系建立的理论依据 / 63

 第二节 评价体系建立的实践缘起 / 68

第三节 评价体系构建的基本原则 / 70

第四节 评价体系的构建与实施 / 76

第五节 "共美评价机制"的实施效果与展望 / 83

第四章 "雅行教育"保障机制研究 / 90

第一节 三级联动管理机制 / 90

第二节 教育数字化赋能 / 94

第三节 校家社协同共育 / 100

第五章 成果推广与应用 / 117

第一节 "雅行教育"理念下学校系统化发展的效果评价 / 117

第二节 "雅行教育"理念下学校系统化发展的推广 / 120

第三节 "雅行教育"育人手记 / 121

参考文献 / 213

第一章　理论基础与学校理念

第一节　研究的缘起与意义

随着义务教育的全面普及，人们的教育需求从"有学上"逐渐转变为"上好学"。微信、抖音等新媒体的迅速普及引发了教育学习、职业工作、社会生活环境及生活方式的新变化。社会高速发展带来的城镇化发展趋势，国家对优秀人才的渴求，人口增长速度的下滑，人工智能技术的发展，国际局势的演变，这些既对教育发展提出了挑战，也是教育更好地适应社会发展的客观推动力。在这样的时代背景下，济南市历城区洪家楼第三小学始终坚守基础教育育人阵地，为学生的终身发展奠定基础，不断推动学校发展的研究与实践。

一、新时代学校发展，以育人为要

《义务教育课程方案（2022年版）》的颁布，拉开了深化基础教育课程改革的序幕。党的十八大以来，党和国家及时制定和颁发了一系列与基础教育课程改革有关的方针政策，主要是关于"培养什么人、怎样培养人、为谁培养人"、学生发展核心素养及其培养、深化教学改革减轻学生学业负担，课程改革目标、方向、内容、过程及其方式方法，以及考试招生与教育评价改革，引领和指导基础教育课程改革向纵深推进。

习近平总书记在党的十九大报告中提出"三有"时代新人的目标：

"青年一代有理想、有本领、有担当,国家就有前途,民族就有希望。"这是对新时代中国教育"培养什么人"的精准把握。随后,国家对课程目标、课程内容、减负提质、评价制度等均做出更细致的规范。

2018年9月10日,习近平总书记在全国教育大会上发表讲话强调,全面贯彻党的教育方针,培养德智体美劳全面发展的社会主义建设者和接班人。在习近平新时代中国特色社会主义思想的指导下,2021年修订的《中华人民共和国教育法》首次将"劳动教育"写入教育法,"五育"第一次获得了法律的确定。

2020年,中共中央办公厅、国务院办公厅印发的《中共中央 国务院关于全面加强新时代大中小学劳动教育的意见》《关于全面加强和改进新时代学校体育工作的意见》和《关于全面加强和改进新时代学校美育工作的意见》等文件,提出不仅要"整体优化学校课程设置",各级各类学校"开齐开足上好体育课""开齐开足上好美育课""设置劳动教育课程",还将其提到建构德智体美劳全面培养的教育体系的高度来认识,在学校、家庭、社会都要加强体育、美育和劳动教育,形成贯通人才培养全过程、德智体美劳和谐融合、家校社协同合作的现代立体教育体系。

2021年7月,中共中央办公厅、国务院办公厅印发《关于进一步减轻义务教育阶段学生作业负担和校外培训负担的意见》,推出"双减"政策,用行政手段刹住愈演愈烈的补课风气,减轻作业负担,深化课程教学改革,对于学校教育的正常开展和学生的健康成长具有重要的指导意义。

评价是基础教育阶段学校办学的"指挥棒"。2020年10月,中共中央、国务院印发的《深化新时代教育评价改革方案》提出,要"系统推进教育评价改革""探索增值评价""健全综合评价""创新评价工具""利用人工智能、大数据等现代化信息技术,探索开展学生各年级学习情况全过程纵向评价、德智体美劳全要素横向评价"。

回首基础教育课程改革十年(2012~2022),教育的培养目标日益完善,育人为本的理念逐步确立,关于"素养导向"的研讨更是日益明晰。

2014年《教育部关于全面深化课程改革落实立德树人根本任务的意见》提出"各学段学生发展核心素养体系,明确学生应具备的适应终身发展和社会发展需要的必备品格和关键能力"。2016年9月,《中国学生发展核心素养》总体框架,将必备品格和关键能力分为"文化基础、自主发展、社会参与"三个方面、"人文底蕴、科学精神、学会学习、健康生活、责任担当、实践创新"六大素养和"国家认同"等十八个基本要点。

2017年,中共中央办公厅、国务院办公厅印发《关于深化教育体制机制改革的意见》,明确提出要注重培养学生支撑终身发展、适应时代要求的"认知、合作、创新、职业"四大关键能力,完善了核心素养的内容。2022年,新课程方案提出要"全面落实有理想、有本领、有担当的时代新人培养要求""聚焦中国学生发展核心素养,培养学生适应未来发展的正确价值观、必备品格和关键能力",进一步完善了学生发展核心素养内容体系。核心素养是党的教育方针的细化,有效整合了个人、社会和国家三个层面对学生发展的要求,明确、具体、深入地回答了"培养什么人"的根本问题,引领课程改革和育人模式变革。

二、发展学生素养,以立德为先

在这样的大环境下,小学作为基础教育的关键阶段,应当积极适应并引领变革,努力提升教育质量,促进学生全面发展。发展学生核心素养,首先应关注学生正确价值观的形成。党的十八大以来,习近平总书记对中华优秀传统文化教育发表了系列重要讲话。他高度评价了中华优秀传统文化的地位和价值。中华优秀传统文化是中华民族的根和魂,是中华民族的精神命脉和文化基因,是中华文明的智慧结晶,根植在中国人内心,潜移默化地影响着中国人的思想和行为方式,是涵养社会主义核心价值观的重要源泉,是我们在世界文化站稳脚跟的坚实根基。我们要把承载传统文化的经典嵌在学生脑子里,以培养青少年的文化自信和爱国情怀。

2014年,教育部印发的《完善中华优秀传统文化教育指导纲要》提

出,要以弘扬爱国主义精神为核心,以家国情怀教育、社会关爱教育和人格修养教育为重点,分学段有序推进中华优秀传统文化教育;要把优秀传统文化教育系统融入课程和教材体系。在中小学德育、语文、历史、艺术、体育等课程标准修订中增加中华优秀传统文化内容比重,地理、数学、物理、化学、生物等课程应结合教学环节渗透中华优秀传统文化相关内容,鼓励各地各学校充分挖掘和利用本地中华优秀传统文化教育资源,开设专题的地方课程和校本课程。

2017年,中共中央办公厅、国务院办公厅印发的《关于实施中华优秀传统文化传承发展工程的意见》将中华优秀传统文化的主要内容分为核心思想理念、中华传统美德和人文精神三大部分,按照一体化、分学段、有序推进原则,贯穿国民教育始终。

近年来,洪家楼第三小学(以下简称"洪三小")认真贯彻党的教育方针,落实立德树人根本任务,深入挖掘中华优秀传统文化蕴含的思想观念、人文精神、道德规范,结合时代要求继承创新,系统梳理从规范化建设到书香校园的发展历程,通过对书香校园特色建设和行为习惯养成教育理念内涵的深化理解,凝练出富有学校特色的"雅行教育"理念,开启"雅行教育"新里程。以培养"读雅书、生雅趣、促雅思、讲雅言、行雅仪、做雅事"的"六雅"学子为育人目标,培育"全面而个性发展的雅行少年",在整合以往教育教学经验的基础上,在优化课程设置、聚焦师资队伍建设、建设学思结合高效课堂、持续推进评价体系升级、加强信息技术与教育融合、密切家校合作、完善管理机制等方面做出不懈努力。

三、坚持文化立校,以系统发展为上

随着教育普及与网络信息技术的飞速发展,人民群众对教育的要求也越来越高,如何提升学校办学质量已经提上日程。"高质量教育建立在普及、公平、有质量发展阶段的基础上,也表现出不同于教育以往发展阶段的新理念、新形态、新格局,集中体现在学校品质的整体提升上,聚焦在学校文化建设和改造上。"在此背景下，立足学校自身特点和实际，坚持文化立校、文化育人，打造学校品牌，发展特色办学，是一条兼具现实意义和实践意义的学校发展之路。

2019年11月21日，教育部办公厅发布的《关于加强和改进新时代中等职业学校德育工作的意见》更是详细指出："要高度重视学校文化建设，做好文化育人顶层设计，凝练校训、校风、教风、学风，构建凸显地域文化特色、突出专业办学特点以及学校优良传统的精神文化体系。重视校园人文环境和自然环境的整体规划与建设，完善校园文化设备设施。营造良好的学校文化氛围，陶冶学生情操、净化学生心灵。"

文化是一种力量。没有文化的学校是没有灵魂的。学校文化的形成来源于学校师生的文化认同，内化并归属于学校的核心价值理念。学校文化是学校的灵魂和血脉。有了它，学校才有生命力，才有独特的形象和性格。低层次的管理是行政管理、制度管理，高层次的管理则是文化管理。一所学校一旦形成了独具特色的文化，就会自然而然地影响和约束全体师生的思想和言行。因为文化具有自觉性，它会对身处这种文化环境的每一个人产生潜移默化的作用。

"兴于诗，立于礼，成于乐"，是孔子的教学之道，也是洪三小"雅行教育"理念萌生的文化源头。近年来，洪三小在文化立校的道路上不断探索。历任校长站在为党育人、为国育才的高度，以文化育人的理论深度，着眼于学校的发展实际，围绕潜能唤醒的雅行教育理念，不断发掘、丰富"尚雅共美"的学校文化内涵："尚雅"主要指培育文化底蕴、人文精神、艺术修养；"共美"指在尊重每一个个体生命潜能基础上的共生、共存、共长的发展"共同体"，各美其美，美人之美，美美与共。信守"知书达礼，雅行天下"的校训，不断培养师生文化自觉，塑造师生精神文化，构建学校雅思课程文化，建设优雅的校园环境，营造"厚德与博学并举，人文与科学交融"的校园文化氛围，打造一所"为每一位学生优雅而智慧的人生奠基"的学校。

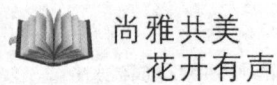

加强校园文化建设是一个系统工程，也是一个不断推进、长期积累的过程。为了更好地发挥文化浸润的作用、做好文化育人顶层设计，优化学校文化建设，洪三小深入开展理论学习，在原有碎片化经验基础上，进行结构化整合，形成学校雅行文化引领下的"四柱一基三保障"结构，整体架构学校文化引领下的雅韵课程体系、雅思课堂建设、尚雅德育活动、雅正教师示范（文化立校四大支柱）与共美评价机制（一个基石）及三级管理、信息技术2.0支持、家校合作（三大保障）之间的发展系统，在育人过程中唤醒师生的自觉意识与文化归属认同，引导学生不断提高综合素养，向真、善、美发展。

综上所述，"雅行教育"通过营造一种高雅、文明、和谐的校园文化氛围，使学生在潜移默化中受到熏陶和感染；通过培养学生的创新精神、实践能力、批判性思维和解决问题的能力等方面，促进学生的全面发展；通过培养具有高雅品行和综合素质的人才，为社会输送更多优秀的建设者和接班人。"雅行教育"的推行有助于培育并完善校园文化，提升校园文化的品位、内涵以及学校的社会影响力和美誉度。

第二节　国内外相关研究综述

我国目前有关学校发展的研究十分丰富。中国知网从2005年至2024年有关学校文化的文献多达474篇，大多是从课程、评价改革的角度出发进行研究，从学校文化视角入手进行学校发展研究的文献数量极少。有关学校文化的研究近20年可查文献多达1179篇，大多是关于学校文化创建探索、文化引领下课程建设、学校文化与育人目标之间关系探讨的内容，但有关学校文化引领下学校系统化发展方面的文献寥寥无几。有关文化立校的文献，自2007年至2023年，中国知网可查到17篇。现根据文献研究视角的不同，综述如下。

一、关于学校发展的研究

学校的发展绝非空想。王敏、巩翔在《未来学校基本问题和特征研究》一文中结合未来理论模型界定"未来"概念，审视技术与教育的关系，深入分析国家教育方针和政策，为未来学校画像：在办学理念上，立德树人，坚持素养导向；在课程建构上，以学生为本，走向真实情境和学科融合；在课堂教学上，因材施教，充满师生互动；在教师发展上，深度研究，提升学习力、领导力和管理能力；在支持体系上，跨界合作，构建学习共同体。画像使目标更加具体，为我们进行"雅行理念"下的学校系统化发展研究提供了目标借鉴。

学校的发展需要理论的引领。郑如法在《学校办学理念的本质与内涵思考》一文中梳理了"办学理念"这一教育概念的本质及内涵：办学理念是办学者系统思考如何办好一所学校后，对学校办学行动形成的理性认识、理想追求的"办学思想观念和办学哲学观点"，是办学者以自己通俗的语言对该学校"办怎样的学（校）"（方向目标内涵）和"怎么办学（校）"（方法策略内涵）做出论述的理念。他认为办学理念拥有"方向目标"和"方法策略"两个特征内涵，目的是让办学理念具有"引领""指导"的能力，实现对育人目标、育人理念、课程理念、校园文化等学校顶层设计对象的"贯穿"，成为办学架构的源理念。由此，我校梳理以往办学经验，将办学理念凝练为"雅行教育"，以"建一所优雅的学校"为目标，坚持"党建领航品牌带动，融合赋能雅行特色，家校共育尚雅共美"的发展思路，面向全体学生，促进学生全面而个性发展，全方位、多层次、立体化体现"扬正雅风采，塑儒雅教师，育文雅学生，建优雅校园"的办学特色，形成自己的理论基础。

在学校发展实施路径方面，我们找到的文献比较丰富。其中，有两篇文章的观点值得我们借鉴参考。何现中在《全面促进学校发展　精心打造

品牌高中》一文中指出，学校是一个有生命特征的有机体，学校的发展更是一个复杂的系统工程。不把学校发展的着力点搞清楚，学校发展就会陷入迷茫之中。该文从人文关怀、特色品位、师资队伍等方面阐述了河南省安阳市殷都区第一高级中学深挖内部着力点，激活学校内驱力，推动学校迈向高质量发展的经验。高峰在《"德泽"理念下学校高质量发展的实施路径》一文中详细介绍了江苏省常州市新北区河海实验小学把凝练含蓄的"德泽"理念转化为"我能为你做什么？"的现实指标，并从教师、教学、课程与学生发展四个方面阐释了他们的具体实施路径。

二、关于文化育人的文献综述

余秋雨先生曾把"文化"定义为：文化是一种成为习惯的精神价值和生活方式，它的最终成果是集体人格。人格指的是一个人生命格调和行为方式。集体人格是指一群人在生命格调和行为方式上的共同默契。这种共同默契不必订立，而是一种深入潜意识的本能。新时代背景下，坚定文化自信，秉持开放包容，坚持守正创新，是全面建设社会主义现代化国家、全面推进中华民族伟大复兴的坚强思想保证。中华优秀传统文化是中华民族的根和魂。一个民族的繁荣发展需要文化力量的加持。文化是一种意识形态。以文化人，以文育人，将文化融入教育实践是建设教育强国的应有之义。

2013年，粟景妆在《斯普朗格：德国现代教育体系的开创者》一文中提到，斯普朗格认为教育作为一种活动，是与人类文化同时发生和发展的。他从生命、生活及精神角度去考察人的个性与社会文化之间的关系，认为"善"是全人格、全人生价值升华出来的总体价值。人格发展不仅是教育家自我价值的最大实现，也能使其精神世界得到最大满足。而教育的使命就在于传递文化，并培养能创造文化价值的人格。

章兢、何祖建在《从"知识育人"到"文化育人"——整体论视野中的大学素质教育》一文中指出，文化育人作为素质教育的一种模式，其实质是在知识教育中，通过文化价值等因素的介入，以文化的有机整体实现"文而化之"。在教育内容上，文化育人意味着以文化整体观来认识科学知识与人文知识，并贯穿于教育过程；在教育途径选择上，文化育人注重知识内化，强调通过内化和升华，使之成为教育对象的一种文化自觉。他们指出，"以文而化"是文化育人的内容，"化文成人"是文化育人的途径。文化育人，是通过教育打破人与自然沟通的屏障，消解科学知识造成的人与社会的分裂，让教育搭起知识、文化与人格完善的桥梁。与强调知识的教育不同，文化育人关注文化从客观内化为个人精神活动，再以客观行为呈现的转化过程。文化本身不会促进人的发展，只有通过人的内化，才可能塑造人、完善人。文化育人要求把课程的施力点置于如何进行知识内化的环节，并强调将文化知识转化为自身内在的人文精神，体现为教育对象的思想、情感与行动中的一种文化自觉，需通过文化实践活动来提升学生的文化素养与心性修养。

三、关于学校文化的文献综述

曾任清华大学校长的梅贻琦先生有言："所谓大学者，非谓有大楼之谓也，有大师之谓也。"这是对学校文化内涵中精神价值至上的洞见。我们查阅了有关学校文化的文献，发现其内容丰富而深刻。

朱光、曹大宏在《学校文化的内涵、价值与建设策略》一文中指出，学校文化是一个集显性事物与隐性事物于一体的复合体，是涵盖学校内一切精神文化与物质文化的统称，是学校一切精神文化与物质文化的凝结、融合与升华，主要包括精神文化、制度文化、物质文化。当下学校文化建设则面临着与学校课程设置分离、缺乏参与积极性以及规范的体系结构等困境。

黄秋帆在《学校文化记忆的功能透视与强化策略》一文中指出，学校文化建设是教育高质量发展的深层动力因素，借助学校文化记忆的研究帮助个体在集体中完成文化认同，对学校文化做出更加全面的审视，推动学

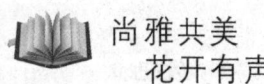
校发展。

谢江林在《落实案例研究，培育学校的核心文化》一文中提出，学校的核心文化就是（学校）文化特质形成过程中所产生的具有聚合性、内核性的价值观，是学校最主要的价值观，也是学校的灵魂，推动学校可持续发展。他还指出，学校核心文化的形成基于学校众多优秀文化，需要管理者加强审视，"横看联系"，洞悉各种文化价值的内蕴，理顺文化价值之间的关系，在科学的规律和联系中修正文化方向、弥补文化空白、坚守文化奥义；"纵看发展"，明确核心文化在学校发展中的地位和作用，清晰地阐发核心文化的时代意义，最终完成点面结合的价值观整合。

鲍争志在《以"望岳文化"赋能学校高质量发展——杭州市大成岳家湾实验学校的探索》一文中提到，学校文化是学校全体成员共同创造和经营的文明、和谐、美好的生活方式，是一所学校赖以生存和发展的重要根基和血脉，可以为学校提供内在动力，增强学校的整体发展活力和适应性。作者结合杭州市大成岳家湾实验学校的"一核五径"实践体系，介绍"望岳文化"赋能学校高质量发展的顶层设计经验，为我们进行"雅行教育"理念下的学校系统发展顶层设计提供了借鉴。

四、关于文化立校的研究

长沙市雅礼中学校长龙检罗曾说，一所学校，就如同一个巨大的蚌壳，里面蕴藏着各种大小不一、零散分布的珍珠，特别需要用文化的细丝串起一众散落在校园里的"珠子"，使其"规整"而有"魂"，因而"文化立校"重要且必要。所谓文化立校，就是要让文化成为立校之本，以积淀深厚的文化底蕴、意蕴丰富的文化内涵来规范办学，把文化从"用"提升为"体"，使其成为学校立德树人的着力点、学术研究的聚焦点，推动教化从"外烁"向"内求"回归。具体而言，就是注重育人从"授业""解惑"向"传道"转变，将文化融入校园整体规划中，渗透于校园细微处，以其精华涵养学生的精神，熏染学生的人格，以文化人，以文育人。

尹效登在《文化立校的校本实践——以东莞外国语学校为例》中指出，学校文化建设要立足办学实践，厘清文化立校的核心理念，建构文化立校的表达体系，探索文化立校的实践路径，方可实现学校的高品质发展。

孙琳、王宗宝在《齐文化精神与"敬贤思齐"学校文化体系的构建实施——以山东省淄博市临淄区玄龄小学为例》中提出，以学校文化引领课程建设，以课程建设助推教师专业成长，以教师专业发展促进学生健康成长，文化立校、特色办学，立德树人、培根铸魂，扎实做好新时代师生发展的大文章。

张鹏举在《文化立校的意义与路径探析》一文中指出，文化立校的意义有两点：一是注入灵魂，提升核心竞争力，这是学校生存发展的基础；二是打造品牌，形成特色，这是促进学生个性化发展、培养创新人才的前提。其探索的文化立校的实施途径为：通过校长引领，培养师生文化自觉，塑造师生的精神文化，构建学校课程文化，打造校园环境文化。

徐广飞在《文化立校，建构高效率管理机制》一文中指出，文化立校的特点之一，是促使学生成为学校的主体，逐步引导他们达成合理共识，让教师和学生形成身份认同，认识到自己也是学校管理的一分子，也要为学校文化建设出谋划策，提升师生的归属感，将自己的工作、学习任务联系在一起，逐步形成共同愿景。

经过对国内外研究现状的分析，可得出以下结论：学校文化育人是系统工程，涵盖文化认同、课程建设、教师专业发展、制度保障、物资管理以及技术支持等内容，育人的目的在于人格的塑造和文化的认同。现在有关中小学文化育人、文化立校的实践研究大多是站在课程和文化的角度进行探索，对规范的体系、架构等方面的研究相对匮乏，对于学校文化理念下的学校系统化发展和顶层设计实践研究尚处于初步探索的状态。

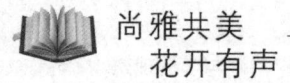

第三节 理论的溯源与建立

一、文化育人理念

早在20世纪20年代，德国产生了"文化本位论"的教育主张，其代表人物有狄尔泰、斯普朗格和利特。他们强调用"文化"来统筹教育、社会、人三者的关系，主张教育应该以文化为中心，围绕文化展开。斯普朗格从文化哲学的角度出发，认为教育就是"以环绕个人周围的客观文化为材料，使个人心灵获得适当的陶冶"。教育的本质是以爱为根本的文化传递，是培养个人人格精神的一种文化活动。教育的最终目的不是传授已有的东西，而是要将人的创造力激发出来。

文化教育本位论是一种以文化为中心的教育理念，强调教育的文化使命和人文价值，注重培养学生的文化素养和创造力。我校"雅行文化"的确立与发展，对学校育人功能优化的顶层设计，对系统化发展的研究实践项目，正是在该理论指导下的进一步探索。

站在文化育人的高度审视现有的文化育人方式，跳出简单依赖课程和外部环境进行文化育人的现有模式，从顶层设计整体架构，确立"四柱一基三保障"的文化立校发展系统，让学校文化渗透于课程体系、课堂建设、德育活动和教师专业成长等各个方面，在共美评价基础上促使学生自主发展、唤醒潜能，进而认同学校文化，在互相影响的过程中达成"尚雅共美、美美与共"的育人目标。

近年来，洪家楼第三小学基于雅行教育理念下学校发展规划的探究与实践，以"雅行文化教育"研究为主线，着力打造素雅的实效课堂，发展和雅的特色班级，丰富娴雅的个性社团，开展以中华优秀传统文化为主线的典雅的七彩德育活动。不断丰富"雅风雅韵、立德树人"的德育内涵，重视行为细节的研究与实践，完善"雅行教育"评价体制，促进每一名学生全面而个性发展。

二、系统化发展理念

系统化发展就是把所有管理事务都纳进来，再将这些事务归纳分类，并理顺其相互之间的关系，形成一套有结构、有层次的系统架构，在解决问题时才能精准对症下药。

建立起有系统、有规律的管理模式。学校各部门运作都会因小问题被实时解决而逐渐顺畅。坚持一段时间，学校各个部门运作更为顺畅，规划更有建设性，管理效率提高，形成良性循环的学校生态。

陈永华在《正视"文化堕距"效应，树立生态系统理念——也谈学校文化建设的着力点》一文中指出，学校文化变革是一项系统工程，需要从生态系统理论的视角出发审视系统中的各要素。生态系统理论除了提供系统思考的武器，还启示我们：学校文化建设最终指向的是人以及人的行为改变；在考量文化要素时，还要关注身处其中的人的状态。从教育的本质来说，学校教育除了传授知识，更重要的目的是通过文化的浸润作用让人的生命获得滋养，为未来打下基础。

三、生本教育理念

"生本教育"是一种教育思想和教学方式。它是为学生好学而设计的教育，也是以生命为本的教育。它既是一种方式，又是一种全新的教育理念，通过发挥学生的主动性、积极性和创造性，实现全面的健康的成长和发展。生本教育就是以生命为本的教育，以学为本的教育，其核心含义为"在教育中必须一切为了儿童，高度尊重儿童，全面依靠儿童"。它的特点是以学生为本，把学生当作学习的主体和一切教学行为的出发点、归宿点。它的核心是关于"怎样看待人""怎样看待人的教育"的理念的变革。

生本教育强调把"教"转化为学,转化为"玩"。其哲学思考是:无为而为,教少学多。生本教育理念支撑下的课堂应该是充满生机的课堂,不断生成的课堂,学习方式多样化的课堂。学生在学中做,做中学,玩中学。学生学得兴趣盎然,学得其乐融融。

生本教育强调儿童是天生的学习者,拥有无限的潜能。其教育的策略是调动学生的自我力量,以此作为教育的驱动力,重新定义教育的方向和动力机制,让学习成为儿童自发的行为。生本教育理念的践行就是突出学生的中心地位。教师要从拉动学生的"纤夫",转变为生命的"牧者"。把课堂、活动、成长交给学生,让他们发挥主动性。

实践生本,首先要以学生为本,其次是以生命为本,再次以生动为本,最后以生长为本。生本教育提倡给学生充足的发展空间,其背后的教育智慧就是老师不要把课堂设计成过于严密的流程图,要在简单、根本、开放的教学中,给学生以更大的发展空间,让学生在个性化的发展中展现出各自的智慧才能。老师要做的,就是帮助学生立一个"根",然后让其尽情生长。生本教育理念与潜能唤醒的雅行教育理念相契合。我们将"雅行文化"渗透到每一项育人活动中,在机制的保障和评价的引导下,唤醒每一个学生的潜能,促使他们自主地成长为全面而个性发展的雅行少年。

第四节 学校文化与"雅行教育"理念

一、学校文化与发展现状

学校文化是一个学校发展的内涵式品牌。洪家楼第三小学围绕潜能唤醒的雅行教育理念,积极营造"尚雅共美"的学校文化。我校信守"知书达礼,雅行天下"的校训,积极践行"为聪慧而优雅的人生奠基"的办学使命，秉承"尚雅共美"的育人理念，坚持"党建领航品牌带动，融合赋能雅行特色，家校共育尚雅共美"的发展思路，发挥"正雅先锋"的示范、唤醒、促进作用，传递正风、正纪、正能量，营造"厚德与博学并举，人文与科学交融"的校园文化氛围。以教育科研为引领，着力打造素雅的实效课堂，发展和雅的特色班级，丰富娴雅的个性社团，打造尚雅的德育品牌，探索高雅的"雅行"文化教育特色之路。面向全体学生，促进学生全面而个性发展，全方位、多层次、立体化地展现"扬正雅风采，塑儒雅教师，育文雅学生，建优雅校园"的办学特色。

（一）指向立德树人的"雅行教育"理念

何为"雅"？《诗经》有云："雅者，正也。"《诗经》是中国第一部诗歌总集，分为《风》《雅》《颂》三部分。"雅"，古训为合乎规范之正道。雅者，不粗不俗，不卑不亢，温文尔雅，落落大方，君子之风范也。《现代汉语词典》中对"雅"的解释是：合乎规范；高尚，不粗俗。"行"指什么？行者，践行之，心性外化之，言行举止合一也。"雅行"是内外兼修的文化内涵和气质，是人文、精神修养不断提升而外显的文雅风范，是知行合一的立身准则，是在长期的实践活动中培养出来的比较稳定的行为方式和习惯。

我校为何倡导"雅行教育"？这回到了我们最初探讨的问题——应对我们所处的现实条件，我们要"培养什么样的人"。当今社会，社会经济的现代化发展极大丰富了人们的物质生活，改变了我们的学习和生活方式。有一部分孩子以自我为中心，盲目追求时尚和潮流文化，对继承和发扬中华优秀传统文化的意识淡薄。每个孩子身上都承载着家庭的希望，承载着中华民族的未来。信息时代的来临对人才培养提出了更高的要求。我们要以什么去实现"少年强则国强"？我们要培养什么样的与国际接轨的新一代？我们怎样树立中国人的国际新形象？雅行教育尊重学生的主体地位，旨在通过塑造学生的灵魂，让学生寻找自己成长的动力；通过强调中

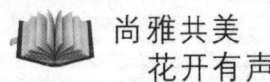

华优秀传统文化的价值，引导学生树立正确的世界观、人生观和价值观，培养学生的社会责任感、使命感和担当精神，塑造学生的健康人格，提高学生的综合素质；通过培养学生的创新精神和实践能力，使他们能够更好地适应社会的需要，创造更好的未来。

2014年，我校在认真梳理学校的发展历程之后，确立"雅行教育"的育人理念。"雅行教育"理念的确立，源于诗，发于情，止于礼，显于行。中华五千年文明史，本身就是一篇雅乐华章。时至今日，作为我国传统文化中所倡导的行为标准——"雅行"，在提高人的操守、增强人的文明素质以及规范人的行为习惯等方面仍具有很好的借鉴价值。《中共中央国务院关于进一步加强和改进未成年人思想道德建设的若干意见》明确指出："从规范行为习惯做起，培养良好道德品质和文明行为。"这也是"雅行教育"的核心内容。因此，实施雅行教育，既是传承中华优秀传统文化的需要，又是教育适应社会发展的需要。

雅行教育首先是一种养成教育。雅行教育的内涵包括四个方面：明雅（品德），博雅（学思），典雅（情趣），儒雅（气质）。我们实施的雅行教育就是通过教育的实施达到培养"读雅书、讲雅言、生雅趣、促雅思、行雅仪、做雅事"的"六雅"学子的目标。我们觉得，既吸取了中国传统文化的精髓，又融合了中西教育理念的"雅行教育"，在潜移默化地引导人、影响人、渗透人方面，是一个非常好的抓手。

"雅行教育"是指培养行为雅正，具有博雅知识、高雅审美、优雅举止的人的教育。它强调内外兼修，既注重学生的内在精神修养，又关注学生的外在行为表现。"雅"是"行"的目标，"行"是"雅"的实现。"雅行教育"是雅行合一、内外合一的教育。它根据人的生理、心理、年龄及阶段性发展特点，遵循其身心和智力的发展规律，以人为本，促进与人的意识倾向相联系的气质、性格、爱好、品德、行为、观点、态度等人格因素健全、发展和完善。雅行教育的重心在于促成个人行为的合格、规范、优良。根据小学生的年龄特征及成长规律，我们以"雅行文化教育"

研究为主线，整合基础性、拓展性、探究性课程和学生社团活动，构建雅行教育课程体系。我们以教育科研为引领，指向身心健康、学会担当、人文情怀、善学雅思、审美雅趣五大核心素养的培养，着力打造素雅的实效课堂，发展和雅的特色班级，组织娴雅的个性社团，开展典雅的以中华优秀传统文化为主线的七彩德育活动。我们不断丰富"雅风雅韵，立德树人"的德育内涵，重视行为细节的研究与实践，完善"雅行"教育评价体制，逐渐形成了富有特色的"雅行精神文化理念体系"，引领办学方向和目标：建一所具有"扬正雅风采，塑儒雅教师，育文雅学生，建优雅校园"特色的学校。

1. 塑儒雅教师。

教师是学校文化的传承者和实践者。我校明确提出了儒雅教师的标准，即关爱学生、学识渊博、气质儒雅、爱岗敬业。儒雅教师不仅要具备扎实的专业知识和教学技能，还要注重言传身教，以身作则，为学生树立良好的榜样。为了提升教师的专业素养和气质形象，我校定期开展雅行大讲堂、"强师德·正师风·塑师魂"等教师培训活动，内容涵盖塑造良好的教师形象、日常工作行为礼仪、个人情绪管理等方面，帮助教师更好地管理个人情绪，展现儒雅风采；鼓励教师积极参与教学研究和交流活动，分享教学经验和心得，通过团队协作和互助共进的方式打造儒雅教师团队，提升整体教学水平；宣传优秀儒雅教师的先进事迹和优秀品质，激励其他教师向他们学习，共同提升学校的整体教育质量。

2. 育文雅学生。

我校以"为聪慧而优雅的人生奠基"为办学使命，以培养"读雅书、讲雅言、生雅趣、促雅思、行雅仪、做雅事"的"六雅"学子为育人目标，围绕核心素养构建雅行课程体系，尤其注重礼仪教育和国学经典诵读的课程建设，从培养学生文明习惯以及践行传统礼仪制度入手，建设以"思方行圆、尊师重道、兄友弟恭、孝敬父母"为主要内容的礼仪教育课程。以主题班会、班本课程、社团活动为契机开展礼仪课程，让学生"知

礼、践礼、达礼、爱礼";以《大学》《论语》《孟子》和古典诗词等为主要内容,进行序列化安排,通过"诵—赏—演"等灵活多变的方式,最大程度地调动学生的诵读热情,唤醒学生的文化基因。我校还注重培养学生的艺术修养和审美能力,通过音乐、美术等艺术课程,以及校园艺术节等活动,提升学生的艺术素养和审美情趣。

3. 建优雅校园。

我校注重校园环境的建设和美化,通过绿化、美化、班级文化评比等方式,打造优雅、和谐的校园环境。同时,我校注重校园文化的营造,通过举办七彩德育活动、读书节、班级艺术节、科技节等活动,不断丰富学生的校园文化生活,提升校园文化的品位和内涵。

(二)指向美美与共的"尚雅共美"文化

"各美其美,美人之美,美美与共,天下大同"是社会学家费孝通于1990年提出的价值理念。这句话的意思是,人们不仅要欣赏自己创造的美,还要包容性地欣赏他人创造的美,并将自身之美和他人之美有机地融合起来,以实现中华传统文化所提倡的大同之美。2020年10月,中共中央办公厅、国务院办公厅印发《关于全面加强和改进新时代学校美育工作的意见》。该文件指出,以习近平新时代中国特色社会主义思想为指导,以提高学生审美和人文素养为目标,弘扬中华美育精神,以美育人、以美化人、以美培元,把美育纳入各级各类学校人才培养全过程,贯穿学校教育各学段,培养德智体美劳全面发展的社会主义建设者和接班人。该文件还给出新时代美育的内涵:"美育是审美教育、情操教育、心灵教育,也是丰富想象力和培养创新意识的教育,能提升审美素养、陶冶情操、温润心灵、激发创新创造活力。"

基于上述时代背景与文化背景,我校围绕潜能唤醒的"雅行教育"理念,积极营造指向美美与共的"尚雅共美"的学校文化。"尚雅",即崇尚高雅、追求卓越,主要指培育学生的文化底蕴、人文精神、艺术修养;

"共美"，指尊重每一个个体生命潜能基础上的共生、共存、共长的发展"共同体"，各美其美，美人之美，美美与共。

1. 注重传承与创新。

"尚雅共美"文化既注重传承中华优秀传统文化，又强调创新和发展。我校通过开设国学课程、举办传统文化讲座等方式，引导学生了解和传承中华优秀传统文化；同时，我校注重培养学生的创新意识和实践能力，鼓励学生勇于探索、敢于创新。

2. 强调和谐与包容。

"尚雅共美"文化强调和谐与包容，注重培养学生的集体荣誉感和团队协作精神。我校通过组织班级活动、社团活动等方式，增进学生之间的友谊和合作。同时，我校注重培养学生的包容心态，引导学生尊重差异、包容多样。

3. 追求共同美好。

"尚雅共美"文化的最终目标是追求共同美好。我校通过培养学生的社会责任感、使命感和担当精神，引导学生为实现个人价值和社会价值而努力奋斗。同时，我校注重培养学生的感恩之心和奉献精神，鼓励学生积极参与社会公益活动，为社会做出贡献。

综上所述，"尚雅共美"文化是一种追求高雅、和谐与共同美好的教育理念。其实践有助于提升学校的品位和内涵，有助于促进学生的全面发展，有助于提升学生的综合素质和竞争力，为学生未来的学习和生活打下坚实的基础。

自2014年确立"雅行教育"办学理念后，我校一直在尝试和探索以文化人、文化立校的发展路径，着力打造素雅的实效课堂，发展和雅的特色班级，丰富娴雅的个性社团，开展典雅的以中华优秀传统文化为主线的七彩德育活动，不断丰富"雅风雅韵，立德树人"的德育内涵，重视行为细节的研究与实践，形成雅韵课程体系，打造高效雅思课堂，建设雅正的教师队伍，不断完善"共美评价"体系，促进每一名学生全面而个性发

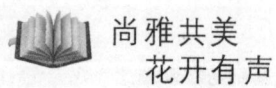

展。在此过程中，已完成相关市级重大课题一项、一般课题一项，市级课题立项三项。"雅行教育"受到教育主管部门、教师、家长的普遍赞誉。近年来，我校雅行学子在德智体美劳等方面屡获市级、省级乃至国家级荣誉；教师专业成长也得到极大提升，在区域内形成良好的口碑。2019年1月，《教育家》杂志专题报道"雅行教育"特色发展之路（《坚守一份"优雅"》）；2019年6月，教育部《教育文摘周报》专题报道雅行教育理念文化（《建一所优雅的学校》）；2018年6月，鲁网新闻报道《济南洪家楼第三小学向百名校长展示了班级特色》；2018年9月，大众网教育频道发表了对校长的专访《让每一个生命焕发光彩》。莱芜、青海教育访问团入我校学习。我校在宁夏汪集小学作经验推广。

优秀的学校文化孕育出优秀的学校，培养出优秀的学生。我校领导班子带领年级组长、教研组长和骨干老师，不断完善学校章程，建设现代学校管理制度和工作手册，引领教师、家长、学生形成"尚雅共美"的雅行制度文化、组织文化、行为文化。

二、"雅行教育"理念与学校发展供给系统架构

蔡元培先生说过："教育的艺术不在传授，而在鼓舞和唤醒。"培养"读雅书、生雅趣、促雅思、讲雅言、行雅仪、做雅事"的"六雅"学子是我们的育人目标。"为聪慧而优雅的人生奠基"是我们的办学使命。在我校文化立校的发展实践与研究中，我们发现三对矛盾：一是学校文化育人的初衷与育人效果无法达成一致的矛盾，二是学校文化整体架构的结构化发展与学校文化建设无序发展的现状之间的矛盾，三是学校文化发展需要机制保障与保障机制不健全之间的矛盾。基于这三对矛盾，我们解决三个对应的主要问题：一是学校文化育人的效果达成不明确；二是现在学校文化建设面临无序发展的困境；三是保障机制不健全，尚未形成系统供应机制。

基于上述问题及深层矛盾，学校立足于发展实际，开展顶层设计。在梳理我校各项成绩、经验的同时，逐渐形成清晰的解决问题的思路。

上位思考：形成观念。即"站在文化育人的高度审视现有的文化育人方式，以系统化范式创立为抓手，开创学校文化育人新形态"。

中位设计：构建系统。形成"雅行教育"理念下"四柱一基三保障"的学校发展系统模型，以期达成潜能唤醒、学生自主成长为全面而个性发展的雅行少年的育人目标。其中，"四柱"分别为：雅韵课程体系创建、雅思课堂建设、尚雅德育活动策划、雅正教师示范引领；"一基"是指以共美评价为基石；"三保障"指形成以信息技术2.0为支撑、三级管理机制为主体、家校协同共育为互补的保障机制。

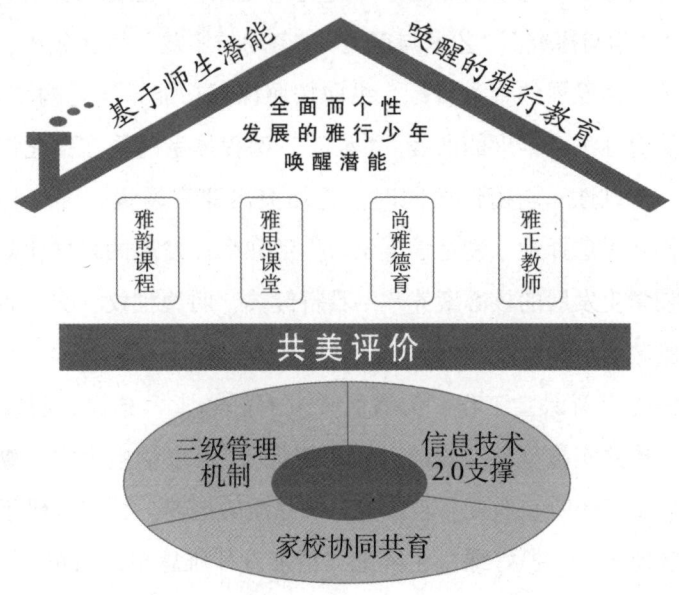

"雅行教育"理念下"四柱一基三保障"的学校发展系统模型图

底层实践：文化立校。打造为学生成长提供全方位、沉浸式的"尚雅共美"文化环境。

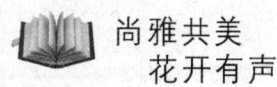

（一）"四柱一基三保障"的学校发展系统结构要素

在这个结构框架中，基于潜能唤醒的"雅行教育"理念是学校发展的哲学思考，被唤醒潜能的对象不只是学生，还有教师。充分考虑到学校教育微系统中的两个重要主体的成长需求，并从供给的角度分别探索不同的途径帮助师生唤醒自主发展的无限潜能。

课程是学校培养人才蓝图的具体表现。作为四柱之首的"雅韵"课程体系，是我校为贯彻德智体美劳全面发展的教育方针，落实学生发展核心素养，依据"雅行教育"办学理念，围绕"六雅学子"的培养目标，系统建构的课程体系。它横向涵盖了"体育与健康""道德与修养""语言与人文""科学与探究""艺术与审美""劳动与实践"六大领域，以实现德智体美劳全面发展的育人目标，纵向按照课程功能系统建构了基础性、拓展性和综合性三个维度的课程。"雅韵"课程体系建构在强化课程内容的全面性、基础性、均衡性的同时，更加突出课程设置的多样性、差异性、创新性和可选择性，满足学生学习生活和个性发展的多样化需求，最终指向我校学生发展的核心素养——雅行健体、明德雅仪、文书雅韵、启智雅思、雅艺增信和技雅践行。

依托济南市新课堂工程、历城区"五有好学堂"建设，我校不断摸索、总结，构建实施善学高效的"雅思好课堂"，以学生为本，尊重个性差异，突出学生倾听、质疑、合作等思维品质的培养。我校教研组坚持问题导向，教研先行，抓好课堂主阵地，精准设计雅思单，引进"互联网+合作学习"，坚持"4321"协同多元评价，在学校教育教学工作中融入点位管理理念。学校课堂管理质量得到进一步提升，学生学习习惯持续性优化，从而使学校教学质量一直保持高位发展的势头。

"不学礼，无以立。"学校的尚雅德育活动从培养学生文明习惯以及学习践行传统礼仪制度入手，建设以"思方行圆、尊师重道、兄友弟恭、孝敬父母"为主要内容，以"课程启蒙+活动实践+家校共育"为途径的礼仪教育课程。文明习惯教育方面，从雅言、雅行等习惯养成的教育细节入手，以"雅行在学校""雅行在家庭""雅行在社会"为系列主题，制定雅行文化教育行为准则，促进学生养成雅行习惯，争当雅行少年。在礼仪培养方面，采用"知礼、践礼、达礼、爱礼"的模式，利用主题班会、班本课程、社团活动等契机开展"拜师、课堂、日常、尊师、敬老、餐桌"等方面的礼仪课程，让学生"知礼"；以学校为主阵地，结合场合、时间节点践行"升旗礼""开笔礼""成童礼""拜师礼"等文明礼仪；以"家校共育"为重要补充，将育人效果延伸到家庭中、社会中，开展"我为长辈敬杯茶""我家的餐桌文化"等主题教育，在家校共育、亲子互动中"践礼"；在学习中互尊互敬，互谦互让，在相处中懂文明讲礼貌，学会尊师孝亲、团结友爱、奋发进取，这就是"达礼"；传统礼仪教育走进校园，丰富学生生活，在弘扬中华优秀传统文化精髓的同时，增强民族自豪感，潜移默化中让学生"爱礼"。用课程启迪学生的幼小心灵，用活动践行文明礼仪，在知行合一中擦亮学生恭俭温良、谦谦君子的底色。

雅正教师示范引领，促进儒雅教师团队建设，这既是"雅行教育"理念下文化立校的重要成果，也是学校发展自我驱动的重要供给保障。自2018年确立"正雅先锋"党建品牌以来，洪家楼第三小学党支部坚持"抓党建、强岗建、带队建"的工作思路，探索出"品牌引领、机制保障、活动促进"的路径。我校党支部以"正雅"为核心理念，在党的领导下做雅行教育，要求每位党员成为雅行教育的示范者、引领者和促进者。在"正雅先锋"党建品牌的引领下，我校涌现出了一批雅正教师。他们用自己的实际行动诠释了雅行教育的内涵。他们不仅在教育教学方面取得了显著成绩，还在师德建设、学生培养等方面发挥了重要的示范引领作用，激励着全校教师不断提升自己的专业素养和教育教学能力。

教育评价是教育教学工作的"指挥棒"，是现代教育治理的重要环节。模型中的基石——"尚雅共美"评价，是以智慧校园建设为支撑，融合学校文化元素所开发、建立的家、校、生三方协作参与的数字化评价体系。

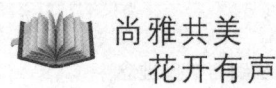

它整合"学生发展质量评价"五大板块：品德发展、学业发展、身心发展、审美素养、劳动技能与社会实践，多元化过程性评价，进阶式表彰，促进"尚雅共美、美美与共"育人目标的达成。

在保障方面，我们形成以信息技术为支撑、三级管理机制为主体、家校协同共育为互补的保障机制。一是以信息技术2.0项目推进为契机，发展学校信息化建设，提升教师信息化素养，实现从硬件到软件的全方位升级的技术保障。二是实施三级管理机制。在校党支部领导下，坚持"抓党建，强岗建，带队建"的工作思路，探索出了"品牌引领，机制保障、活动促进"的路径。常规事项校务委员会决策、重大事项经专业咨询后教代会审议、专业发展评价项目学术委员会引领实施的"三级"管理机制，使学校教育管理规范高效。三是家校协同育人，实行"1332"模式。一种文化引领，三种机制，三大路径，两类评价，为学校各项制度的落实提供坚实的群众保障。

实施文化立校。一方面，我们坚持潜能唤醒"雅行教育"办学理念，信守"知书达礼，雅行天下"的校训，在校园生活的点滴中规范学生的言行，启迪学生的智慧，涵养学生的修养，在学生争做"六雅学子"、教师塑造儒雅形象的过程中，营造"厚德与博学并举，人文与科学交融"的校园文化氛围；另一方面，注重校园文化建设，通过建设校园文化长廊、开展校园文化活动等丰富师生的课余生活，提升师生的文化素养和审美能力，为师生提供展示的平台，为学生成长提供全方位、沉浸式的"尚雅共美"文化环境，增进师生对学校的认同。

（二）"雅行教育"理念下学校发展系统供给机制

学校的系统发展，需要有完备的供给机制做支撑。"雅行教育"理念下的学校发展系统，是一个复杂而精细的体系，旨在通过全面、系统的教育方式和资源供给，培养学生"读雅书、生雅趣、促雅思、讲雅言、行雅仪、做雅事"，涵养教师的高雅品行，精进博雅学识，培养优雅举止，实现专业成长，增进师生对学校的归属感和认同感。近年来，我校在发展中总结出三套供给机制和一套运行保障机制。以下是对"雅行教育"理念下学校发展系统供给机制分析。

1. 课程体系的供给。

课程是培养学生核心素养的重要途径。我校通过构建涵盖德育、智育、体育、美育、劳动教育及社会实践等多个方面"雅韵"课程体系，强调课程的贯通性和层次性，确保学生在不同年龄阶段都能接受符合其发展需求的教育内容。我校注重课程资源的开发和利用，通过开发校本课程、引进优质教育资源等方式来丰富课程资源，满足学生的多样化学习需求。我校还注重课程与教学的整合和创新，通过项目式学习、探究式学习等方式来激发学生的学习兴趣和创新能力。

2. 师资力量的供给。

拥有一支高素质的儒雅教师队伍既是学校系统化发展的重要内驱力，也是"雅行教育"理念下文化立校的成果。学校通过招聘、引进、培训和进修等方式不断优化教师队伍结构，提升教师的专业素养和教育能力，提高教师队伍的整体素质。同时注重青年教师的培养和发展。通过名师工作室、青年教师学习社、"青蓝工程"师徒结对、教科研活动等方式为青年教师提供成长平台，激发他们的教育热情和创新能力，持续塑造品行高雅、学识博雅、举止优雅的高素质教师队伍。

3. 教育资源供给。

我校充分利用校内外的教育资源，包括图书馆、实验室、运动场、艺术室等硬件设施，丰富学生的学习体验，借助信息技术2.0工程获取各类优质在线教育资源，将数字技术融入日常教学。我校还积极整合校内外教育资源，与周边社区、企业和公益组织建立合作关系，拓宽教育资源渠道，共同开展教育教学活动，如"小小雷锋进社区""走进消防队，致敬火焰蓝"等。这些活动不仅丰富了学生的课余生活，还提高了他们的社会实践能力。

4. 管理与评价机制。

（1）管理机制。

学校的管理机制包含管理队伍建设、管理制度建设与信息化管理。我校通过选拔、培训等方式打造了一支专业、高效的管理团队，负责学校的日常运营和管理决策。通过建立、完善常规事项校务委员会决策、重大事项经专业咨询后教代会审议、专业发展评价项目学术委员会引领实施的"三级"管理机制，制定和完善各项管理制度，包括财务管理制度、人事管理制度、教学管理制度（制订教学计划、课程设置、教学质量监控）等，来确保教育教学的有序进行。我校还注重信息化管理的建设，依托信息技术2.0工程建设数字信息管理系统、推广数字化教学等方式来提高管理效率和教育教学质量；借助数字化平台开展在线教学、在线辅导等活动，方便学生和家长随时随地进行学习和交流。

（2）评价机制。

我校立足于做"有温度的评价"。经过多年来的实践摸索，形成了涵盖学生的品德养成、学习能力、身心健康、审美素养、劳动技能与社会实践的雅行教育下"尚雅共美"评价体系。它以唤醒学生的发展潜能为目标，实施多元化、进阶式、可视化评价激励学生发现自己的闪光点，促进学生全面而个性发展。在实践中，逐渐摸索出"三分三评"的评价机制。"三分"，指分层实施、分科而评、分类而评。教师结合学情，对照课程标准的要求，分年级、分学科，为学生在学业达成、习惯养成、思维发展、潜能唤醒等方面的成长制定更细、更有针对性的评价细则。"三评"，指定性评价与定量评价相结合、班主任评价与同学评价相结合、学校评价与家长评价相结合。在数字终端雅行评价平台的加持下，我们实现了线上评价与实物卡章评价并行、即时评价与后置评价的自由组合多元评价方式，更好地促进学生的成长。

综上所述，洪家楼第三小学的发展供给机制包括资金供给机制、人力资源供给机制、教育教学资源供给机制以及管理机制等多个方面。这些机制相互关联、相互促进，为学校的发展提供了有力的支持和保障。

我们站在文化育人、潜能唤醒的高度，在原有的碎片化的经验基础上，进行系统化结构整合，形成学校"雅行文化"理念下的"四柱一基三保障"的系统化结构发展模式，力求将"雅行文化"渗透到每一项育人活动中。我们构建的"四柱一基三保障"系统模型不是脱离教育实际的系统架构，而是旨在为学生终身幸福和发展奠基的文化育人发展新阶段的成果。它不仅涵盖了与学生学习息息相关的课程与课堂建设，还涵盖了德育活动、教师示范、多元评价、信息技术保障、家校共育等诸多方面内容，力求引导学生在求学道路上"乐学勤学、沐雅而行"，做人做事"包容并蓄，思方行圆"。在机制的保障和评价的引导下，唤醒每一个学生的潜能，促使他们自主地成长为全面而个性发展的雅行少年。在育人过程中唤醒师生的自觉意识与文化认同，使学生在学习力和综合素养不断提高的同时，不断向真、善、美发展，也使教师也在专业成长过程中获得职业幸福感。

第二章 尚雅共美文化引领下的课程体系

第一节 雅韵课程体系

学校文化是学校发展的内在灵魂与品牌标志。我校秉承潜能唤醒的雅行教育理念,全力打造"尚雅共美"的校园文化氛围。在这一顶层设计的引领下,我们围绕"培养六雅学子"的育人目标,精心构建了涵盖六大领域的雅韵课程体系。通过这一课程体系,我们致力于培养具有高雅气质、卓越才能的新时代学子。

济南市洪家楼第三小学雅韵课程体系图

课程领域		体育与健康	道德与修养	语言与人文	科学与探究	艺术与审美	劳动与实践
基础性课程		体育与健康 阳光雅行	道德与法治 尚雅德育 社区体验和社会服务	语文 英语 传统文化	科学 数学 信息科技 环境教育	音乐 美术	综合实践活动 校园日常劳动
拓展性课程	必修	乒乓球 足球 围棋 阳光大课间 《弟子规》 礼仪操	礼仪教育 国学养正 雏鹰起飞	整本书阅读 经典诵读 口语交际	小小发明家 生活中的数学 思维拓展	书法 美育素养 雅乐欣赏 形体	生活实践劳动
	自主选修	羽毛球 健舞飞扬 跳棋 跆拳道	开学课程 毕业课程 雅行少年成长礼 消防小卫士 小小交通员	成语探索 语言绘本课 儿童剧欣赏与表演 红领巾广播站	小小电脑维修工 Scratch+Python 创意编程 玩转多米诺 智能机器人 电子报刊设计与制作 植物标本馆	电钢琴 陶艺 声乐舞蹈 二胡 美史博物馆	职业体验劳动

28

续表

课程领域		体育与健康	道德与修养	语言与人文	科学与探究	艺术与审美	劳动与实践
拓展性课程	群定制	快乐乒乓 足球 篮球 橄榄球 游泳 攀岩	研学课程	高效阅读	少年科学院 高阶思维训练	民乐 合唱 儿童舞 创意美术	跨学科劳动实践 木工坊
	个性定制	班级特色项目 个性化课程					
综合性课程		研究性学习　社区体验与社会服务　研学课程　小小美食家					
		雅行空间自主成长课程					

一、确立课程目标方向

在规划与设计课程的过程中，我们坚定不移地围绕促进学生全面、自主与个性发展的三大核心目标展开工作。我们致力于构建一个能够激发学生潜能、培养其综合素质的教育体系，不仅关注学生的知识掌握与技能提升情况，还重视其自主性、创造力的培养，以及个性特长的发挥。通过精心设计的课程，我们期望每位学生都能在学习中实现自我超越，成就更加全面、更具魅力的自己。

（一）立足学生的全面发展

这一课程体系不仅关乎学生的身体健康，还包括智慧、情感、态度、价值观以及社会适应性的全面提升。在这一框架下，忽视任何一方面都可能影响学生的全面发展。因此，我们的课程目标明确指向学生的全方位成长，注重在品德、才智、审美、体质等多个维度上构建认知、情感与技能目标，并探索更深层次的教育意义。我们强调知识与技能、过程与方法、情感态度与价值观三者的有机整合，关注学生的学习兴趣，致力于培养其良好的行为习惯。这一过程超越了传统课程中传授知识的模式，更加注重学生积极主动的学习态度。

（二）关注学生的自主发展

自主性是个人在活动中独立、自由和自主支配生活的权利与能力。我

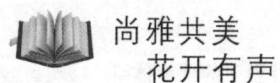

们努力使课程结构具备均衡性、综合性和选择性,通过引入活动课程,与学科课程相结合,打破传统学科课程的逻辑界限,加强与现实生活及科技发展的联系。这一转变旨在激发学生的学习兴趣,促进其学习方式由被动接受向主动参与、乐于探究、勤于动手的创造性学习转变。在此过程中,教师不再是单纯的知识传播者,而是学生发展的合作者和促进者。师生共同营造一种宽松、合作、开放的课堂氛围。在课堂上,教师尊重学生的自主权,鼓励其独立探索和自我调节,从而充分激发学生的潜能。

(三) 重视学生的个性发展

学生间的差异是客观且普遍存在的,这些差异不仅体现在生理方面,还涉及认知风格、情绪意志、气质性格、能力水平和社会环境等多个维度。因此,我们追求的不是每个学生的统一发展,而是根据其个体差异进行因材施教。通过实行国家、地方、学校三级课程管理,我们增强了课程的适应性和灵活性,特别是地方课程和校本课程,既反映了地方社会发展的实际需求,又考虑了学校和学生的发展需要。在课程设计与实施过程中,我们要求教师尊重学生的个性差异,创造能引导学生主动参与的教育环境,激发其学习积极性,培养其掌握和运用知识的能力,确保每个学生都能在适合自己的道路上得到发展。激发学生学习的积极性,培养学生掌握和运用知识的态度和能力,使每一个学生都能得到发展。

二、构建雅韵课程体系

在课程体系建设的实践过程中,我校在原有的国家课程、地方课程和校本课程三级课程体系的基础上,紧密结合学校的实际情况及学生的学习需求,将中国学生发展核心素养细化为身心健康、学会担当、人文情怀、善学雅思、审美雅趣这五大核心素养,并明确了学生培养的关键价值取向——厚德、博学、健体、雅行、责任。在此指导下,我们构建了一套以核心素养为引领的雅行课程架构,精心设置了健康体育、社会体验、语言文学、科学探究、艺术修养这五个课程领域,形成了基础性、拓展性和综合性三大类别的学校课程体系。

(一) 深化基础课程

我校致力于深化基于知识逻辑的学科课程整合,力求突破传统学科本位和知识本位的局限。我们充分尊重并挖掘每门学科的基本属性与独特价值,通过主题化的整合方式,巧妙串联起学科内部的逻辑链条,让学科教育焕发更强的育人效果。同时,我们积极将学科知识与社会生活、实践活动相融合,鼓励学生运用所学的知识解决实际问题,从而培养其综合实践能力和创新思维。在不懈努力下,我们已成功打造出一系列精品课程,为学生提供了更为丰富、多元的学习体验。

在已有的自选课程基础上,我们进一步集中力量,精心打造了十几门能满足学生需求的特色精品课程。基础课程必修类按照课程性质被细分为国家课程、地方课程和校本课程。国家课程涵盖了语言文学(如语文、英语)、科学技术(如数学、科学、信息科技)、道德法治、艺术审美(如音乐、美术)、健康运动(如体育)以及综合实践等多个领域,其课时安排严格按照国家课程设置的标准执行。地方课程则包括传统文化、环境教育、安全教育、劳动教育以及心理健康教育等内容。而校本课程则以满足学生的多元需求、培养学生兴趣、开阔学生视野为目的,主要包括班本课程、年级主题课程以及校本自选课程。这三类课程按照"一班一课表、一生一课表"的个性化方式开展实施,确保每位学生都能获得最适合自己的教育。

在雅行课程架构下,我们的基础课程不仅注重知识的传授,还强调学生的全面发展。通过灵活多样的课程形式,如必修课、选修课、定制课、长课、常规课、短课等,为学生提供了丰富的个性发展空间。

(二) 开设拓展课程

班本课程,以班级为基本单位,深度契合班级发展目标与学生的个性

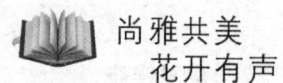

尚雅共美　花开有声 ——"雅行教育"理念下学校系统化发展的研究与实践

化需求，是我校课程体系中的一颗璀璨明珠。每个班级都如同一座独特的花园，依据其特有的土壤与气候——班级文化和学生特质，精心培育各具特色的班本活动。我们向内深挖教师潜力，向外广纳家庭与社会资源，邀请来自各行各业的家长及其亲友，让他们带着丰富的知识与经验走进课堂，成为学生们的校外辅导员，为班级特色活动注入鲜活的力量。这些校外辅导员从多层次、多角度开展实践活动，不仅拓宽了学生的视野，还激发了学生对知识的好奇与探索欲。

在班本课程的实施过程中，我们鼓励学生跨学科整合知识，围绕特定主题进行深度学习，共同支撑起一个个特色鲜明的项目。这些项目不仅增强了学生的综合素养，还促进了他们创新思维的发展和解决问题的能力。班本课程与学校课程的总体规划紧密相连，形成了一股强大的育人合力，共同推动学生向全面而个性的方向成长。

年级主题课程则是另一道亮丽的风景线。它以年级为单位，精准对接学生的年龄特点与学习兴趣。我们秉承"以学生为本"的课程理念，积极探索年级多元课程体系，创建了雅韵自主阅读课程、艺术鉴赏课程、生命教育课程、综合科学探究课程以及劳动教育课程等五大主题课程。这些课程如同一座座知识的宝库，等待着学生们去挖掘、去探索，让他们的学习之旅更加丰富多彩。

校级自选定制课程则更加注重学生的个性化需求与兴趣导向。学生们可以根据自己的兴趣与特长，自愿申报课程，经过班主任的推荐与艺体老师的严格选拔，最终确定定制课程名单。这些课程活动定期举行，为学生们提供一个展示自我、提升技能的舞台。我校积极挖掘周边的丰富项目资源，为学生们提供了多样化的课程选择。

校级自选定制课程采用"走班制"的灵活方式，学生们可以在学校开放的线上选课平台上自主选择心仪的课程。目前，我校已开设了包括表演、主持、朗诵、少年科学院、足球、篮球、橄榄球、乒乓球、花样跳绳、舞蹈、民乐、合唱、绘本、创意美术、雅绿种植在内的 26 门精品课程。这些课程不仅发展了学生的思维能力，提升了他们的审美情趣，还极大地增强了他们的动手创造能力与团队协作能力，为学生的个性发展铺设了坚实的基石。

总之，班本课程、年级主题课程与校级自选定制课程相互交织、相互映衬，共同构成了一个立体而多元的教育生态。在这个生态中，每个学生都能找到属于自己的舞台，绽放出光彩。

（三）打造特色课程

我校高度重视书香校园的建设，将其视为德育和学校文化建设的关键一环，致力于将阅读作为校本课程，并着重强调整本书阅读的重要性。为此，我校精心研发了快乐小主持、小雅趣味读写、语言表演等一系列特色课程，旨在全面提高学生的语文素养。通过实施晨读、午写、暮悟的常规活动，以及每天的经典美文诵读活动，学校营造出浓厚的阅读氛围，让学生在日复一日的熏陶中爱上阅读。

为了进一步弘扬中华优秀传统文化，我校创编了《弟子规》礼仪操，将经典诵读与肢体动作相结合，让学生在诵读中领悟礼仪之道，在实践中践行礼仪之德。同时，我校还设立了读写经典逐级过关等级评价机制，通过定期举办"魅力读书节"活动，激发学生的阅读热情，提升他们的文化素养。这些努力不仅得到了学生和家长的广泛认可，还在历城区"读好书，写好字"现场会上获得了高度评价，相关成果也在2016年山东省素质教育论坛上进行了深入交流。

此外，我校积极响应国家关于劳动教育的要求，将劳动教育课程纳入课程表，确保全学段劳动教育课程平均每周不少于1课时。我校以"学科课程+校本课程+特色课程"的优质、多元劳动课程为载体，构建了扎实的劳动教育教学体系。一方面，我校严格按照规定开齐开足劳动教育学科课程，以学分制形式确保学生有足够的劳动时间。另一方面，我校积极开发校本课程，根据日常劳动、服务劳动和生产劳动三种不同类型，分年段设计课程，实现全校普及。同时，我校还鼓励特色课程的开发，依托学校独特的资源和优势，打造了一系列具有鲜明特色的劳动教育课程。

通过不断优化课程体系，我校致力于为学生提供一个丰富、多元、有深度的学习环境，让他们在知识的海洋中畅游，在实践中锻炼能力，在文化的熏陶中涵养品德，为未来的成长与发展奠定坚实的基础。

三、探索多元实施路径

在课程实施的过程中，我们始终秉持全面发展的教育理念，不仅致力于学生知识技能的提升，更高度重视他们品德的养成以及情操的陶冶，力求在课程层面切实达成雅行教育的育人目标。为了深入探索雅行教育理念引领下的课程与教学改革，我们坚守"做实基础课程，做优拓展课程，做亮特色课程"的实施策略，为学生搭建起一座全面而富有特色的成长桥梁。

（一）做实基础课程

在基础课程的设置中，我们始终聚焦于培养学生的品格与能力，致力于为他们搭建一个全面发展的平台。每学期伊始，每位学生都会收到一份满载关怀与期待的"成长计划书"。这份计划书详细规划了这一学期学校"4321"学科多元协同评价活动及特色活动的内容及时序，是学生们成长路上的明灯，引领他们走向更加广阔的未来。

"4321"工程作为我们课程体系的精髓，涵盖了四个基础过关项目：词语听写、计算能力、古诗文背诵考级和书法考级，旨在夯实学生的学科基础。同时，我们还设置了三个学科拓展竞赛和两个朗读能力考查，这些活动不仅检验了学生对知识的掌握情况，更激发了他们的学习潜能，让他们在挑战中不断突破自我。

此外，每学期我们还会举行一次全课程自我展示活动。学生们可以在语言文学、科学探究、社会体验、艺术修养、体育健康等多个领域中自由选择，展现自己的才华与创意。无论是小文学家、小设计师，还是小探究家、小制作家、小美术家，都能在这个舞台上找到属于自己的光芒，成为多方面发展的佼佼者。

（二）做优拓展课程

雅韵课程体系的构建，不仅强化了内容的全面性、基础性和均衡性，还突出了设置的多样性、差异性、创新性和可选择性，全面满足学生学习生活和个性发展的多样化需求，直指核心素养的培育。在拓展课程的实施中，我们精准定位其角色：拓展课程旨在补充基础课程在核心素养发展上的不足，同时着力于发现并唤醒学生独有的潜能。为此，我们横向联通五大课程领域，开发了知书达礼、墨香至恒、暮悟手册等基础拓展必修项目，确保每位学生都能"读好书、写好字、做好人"。同时，我们纵向贯通，指向学生潜能发掘与定向培养，推出定制课程，使其成为学生终身受益的个性特长或关键能力。目前，我校已储备40余门校本课程，其中艺术类与体育健康类定制特色课程普及率达80%。这些课程正悄然塑造着学生的涵养、气质与追求卓越的精神。

同时，自"双减"政策实施以来，我校积极应对，扎实开展课后服务工作，为学生提供丰富的课后服务课程超市。我们横向开发了基于校级的课后服务定制课程，纵向构建了基于"六雅学子"培养目标的普惠性年级和班本特色课程体系。一、二年级重点推行班本特色课程的课后延时服务，三至六年级则在班本特色课程的基础上，叠加了班级个别辅导与分层作业辅导，确保学生延时服务的丰富性。

（三）做亮特色课程

我校在艺术教育的探索与实践中精心构建了艺术课程体系。这一体系秉持"以学生为本"的课程理念，紧密结合校情与学情，在国家课程的引领下，融入学校雅行课程的整体构架。其目的在于培养学生自主学习、自主生活的良好习惯，同时以"1+3+Y"为课程体系的框架，通过教师、学生、家长及社会团体等多方协同，共同构建起一个充满活力的学习共同体。

在这个共同体内，我们边研究、边实践、边总结、边分享，不断丰富和完善课程资源库。我们以健康成长为主旨，以尚雅共美为主线，根据艺术课程标准规定的课程目标，确保国家课程开足、开齐、开全。同时，我们构建了以艺术课堂为基础，以项目课程为补充的艺术课程体系，包括自选课程、定制课程和主题活动课程三类。这些课程相辅相成，共同助力学生全面成长。

为了丰富学生的艺术生活，我们精心打造了艺体社团课程，并开展了多彩的美育活动。近年来，我们以"雅行文化教育"研究为主线，着力打造素雅实效的课堂，发展和雅的特色班级，丰富娴雅的个性社团。每学年，我们都会举办两次文化艺术节，通过动态展示（如合唱、朗诵）和静态展示（如美术作品展、手工制作）等形式，充分展现学生的艺术才华。

同时，我们还积极组织"蔷薇三小，各雅其雅"活动，为学生提供展示自己艺术特长的平台。活动项目涵盖声乐、舞蹈、器乐、朗诵、书法、绘画、摄影、科幻画、手工制作等多个领域，让学生在相互学习和共同提高中实现"美美与共"。多年来，我校学生在历城区和济南市七项技能大赛中屡获佳绩，学校也多次被评为优秀组织单位。如今，"蔷薇三小，各雅其雅"活动已成为学校的一张亮丽名片，深入人心。

此外，我们还积极汇聚多方资源，引领学校艺术教育持续发展。我们建立了一支由大学艺术专业教师、专业艺术辅导机构教师以及艺术领域专家组成的艺术专家指导团，为学校艺术教育提供有力的支持和指导。

第二节　雅思课堂建设

　　持续创新的课程，如同一股不竭的泉水，为我校的"雅思课堂"注入了蓬勃的生命力与持久的活力。在历城区教体局"基于大概念的单元教学改革"与"五有好学堂"建设的宏观指引下，洪家楼第三小学紧密依托山东省信息技术应用能力提升工程2.0项目的强大支撑，全力以赴地构建并实践善学善教、高效互动的"雅思课堂"全新范式。

　　具体而言，我校所探索的"雅思课堂"新模式，采用了"自主学习—合作交流—展示反馈—点拨提升—当堂检测"的"5+30+5"课堂结构。这一模式在时间的分配上极具科学性，既充分保障了学生自主探索与学习的空间，又高度重视了团队合作与交流的重要性。在自主学习阶段，学生得以在教师的引导下，独立探索新知，培养自我学习的能力；在合作交流环节，则鼓励学生之间相互启发与协作，共同攻克学习难关；在展示反馈环节，则通过学生的成果展示与教师的即时反馈，帮助学生明确学习成效与改进方向；在点拨提升环节，则针对学习难点进行精准指导，帮助学生深化理解；当堂检测则是对整堂课学习效果的全面检验，确保学生真正掌握所学知识。

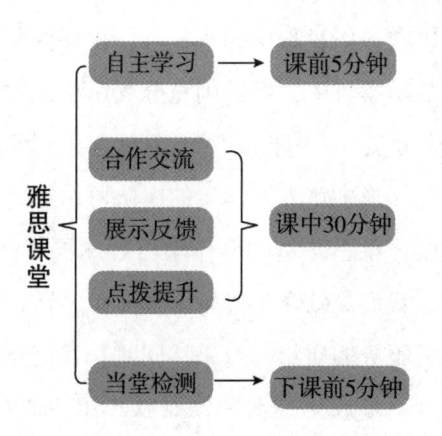

```
                ┌ 自主学习 ──→ 课前5分钟
                │
                │ ┌ 合作交流 ┐
  雅思课堂 ─────┤ │ 展示反馈 ├─→ 课中30分钟
                │ └ 点拨提升 ┘
                │
                └ 当堂检测 ──→ 下课前5分钟
```

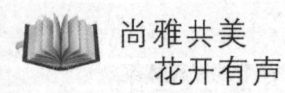

在此基础上，我校还深入挖掘了"互联网+合作学习"项目与信息技术提升工程2.0项目的巨大潜力，充分发挥其辐射与引领作用，将现代信息技术与课堂教学深度融合，打造出了具有鲜明学校特色的真实课堂。这些课堂不仅在教学手段上实现了创新，还在教学内容与形式上实现了跨越式的提升。通过信息技术的运用，课堂变得更加生动有趣，不仅激发了学生的学习兴趣，提升了学生的学习主动性，教学效率与质量也实现了显著提升。

一、立足"合作学习"，营造课堂氛围

雅思课堂，一个旨在促进学生全面成长的教育平台，不仅着眼于知识的积累与获取，更将焦点对准了思维的成长与深化，致力于构建一个能够激发学生潜能、尊重个性差异的学习环境。在这一理念的引领下，雅思课堂特别强调建立一种民主平等的师生关系，通过适度留白和延迟评价的教学策略，鼓励学生深入思考，培养其倾听、质疑、合作等核心思维品质。合作学习与项目学习，作为雅思课堂的两大支柱，更是引领着学生走向主动学习、深度学习与智慧学习的广阔天地。

在学科教学中，雅思课堂的合作学习更是得到了充分的体现。以语文学科为例，我们创新性地开发了小组合作式习作课堂，通过"老师简单讲评—学生质疑—明确分工—小组内互评—组际内交流—班内分享"的六步教学模式，引导学生在习作过程中相互学习、相互借鉴，不断提升自身的习作修改能力。在数学学科中，我们则充分利用小组内生生互讲互评的方式，让"组长""记分员""声控员"等角色各司其职，不仅提升了学生的学习积极性，还在无形中培养了学生的团队协作能力。

在课后服务时段，雅思课堂的合作学习理念同样得到了有效的延伸。在班级兴趣小组内，我们鼓励学生进行合理分工，通过自我管理、互相激发的方式，提升课后服务的质量与效果。同时，我们还鼓励学生利用课后服务时间，两两组合，形成"一对一"帮扶小组，通过互帮互助的方式，

改善学习习惯和学习方法。

值得一提的是，我校与上海专家团队签约合作学习项目，成为区教体局"基于大概念的单元教学改革项目"的种子学校。这不仅为我们带来了先进的合作学习理念与教学策略，更为我们提供了一个展示与合作的平台，让我们能够在更广阔的舞台上探索合作学习的无限可能。

二、依托技术支撑，优化教学流程

作为山东省信息技术应用能力提升工程2.0项目的试点学校，我校紧密结合校情与学情，深度融合信息化教学模式，成功打造出以技术支持为核心特色的雅思课堂新形态，展现了信息技术与教育教学深度融合的创新成果。

（一）精准分析学情，优化目标设定

在信息化教育的浪潮中，我校作为山东省信息技术应用能力提升工程2.0项目的试点学校，积极探索技术支持下学情分析的新路径，以期精准地确定教学目标，提升教学效率。通过一系列技术支持手段，我们得以更加深入地了解学生的学习状况，从而有针对性地突破教学难点，使课堂体验更加个性化，有效落实预设的教学目标。

以赵代君老师执教的四年级英语课为例说明。课前，赵老师利用腾讯投票小程序，在班级群里发起投票，征集学生在预习过程中面临的问题和感觉有难度的单词、句子等。通过在线工具的直观呈现，赵老师迅速筛选出学生普遍感到困难的部分，并据此调整原定的教学目标。针对学生提出的问题，如对"Time to go home, kids."这个句子的理解和朗读有难度，赵老师在课堂教学中特意创设了情境，截取出保安师傅与同学们对话的场景和音频，突出该句子，并以图片的形式对比"kid"与"kids"，帮助学生理解英语中的单数及复数形式。这种基于学情分析的教学目标调整，不仅提高了教学的针对性，还极大地提升了学生的学习兴趣和学习效果。

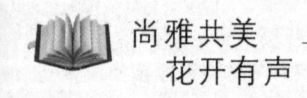

在科学课上,《星空》这节课的教学同样体现了技术支持下的学情分析优势。通过课前的学情分析测试,教师了解到学生在理解星空知识方面存在的难点。为此,教师依托信息技术2.0,选用虚拟天文馆这一信息化技术手段来突破教学难点。虚拟天文馆的手机版自带遥感功能。学生只需将手机对准观测的星空,手机便会自动感知位置,将星空调整到所观测的画面。为了让学生充分体验这一功能,教师设计了七台笔记本和两台手机用于教学,让学生在使用虚拟天文馆的同时,意识到手机遥感技术的神奇之处。正是有了信息技术2.0的培训和学习,我们才能够将信息技术恰如其分地融合到学科教学和学生学习探究中,让教师和学生从中受益。

在全校范围内,我们形成了技术支持下的课堂新样态。语文学科聚焦信息技术下的课堂讲授,以问题为导向,制定目标达成度观测量表,通过信息技术手段提升教学目标达成度;数学学科则借助"导、测、延"雅思单,在培养学生思维深度上做加法,在核心问题上做减法,实现信息技术与数学教学的深度融合;英语学科则加强信息技术与课堂教学的深度融合,开展基于学情分析的课堂教学研究,提升教学效率。此外,综合实践、科学、劳动等课程也与信息技术有机整合,让学生走出课堂、走向自然,进行深度学习。在评价方面,我们注重运用信息技术对过程性资料进行采集、梳理,将原本零碎的纸质图片、文字进行归类总结,形成对学生评价的重要依据。

(二) 整合数字资源,丰富媒体形态

在数字教育资源获取与评价方面,我校同样取得了显著成效。针对搜索引擎的使用、优质资源网站的推荐、剪辑师软件的使用等方面,我们为教师提供了系统的技术培训。这些培训有效提升了教师的资源收集和利用能力,以及微课制作等信息技术能力。如今,每一位教师都能够独立完成微课制作,熟练运用希沃教学软件,以及剪辑师视频编辑软件。

信息技术能力的提高,不仅增强了教师在课堂上的自信心,还为学生

带来了丰富多样的学习资源。通过使用搜索引擎和浏览优质资源网站，教师们能够轻松获取与教学内容紧密相关的图片、视频、音频等多媒体资源，并将其巧妙地融入课堂教学。同时，教师们还能够利用剪辑师软件，对获取的资源进行二次加工和优化，使其更加符合教学需求和学生特点。

此外，我们还鼓励教师们积极分享自己的教学资源和经验，形成资源共享和交流的良好氛围。通过教师之间的互相学习和借鉴，我们不断优化和完善数字教育资源库，为提升教学质量提供了有力保障。

（三）设计制作微课，助推自主学习

在信息化教育的大背景下，微课程的设计与制作成为我校教学模式创新的重要一环。利用信息技术工具，我们精心设计和制作了微课程，旨在呈现关键信息，丰富教学资源和教学活动形式，以满足学生自主学习的需求，促进个性化学习。

以崔红老师执教的四年级英语对话课为例说明。崔老师巧妙地结合了能力点，运用了微视频、动画加旁白、插入背景音乐等功能，精心设计思维导图，为学生打造了一场农场初体验的盛宴。这些多媒体元素不仅巩固了学生学习的核心句型及部分核心词汇，还通过情景练习，引导学生从语言学习逐步过渡到语言实践，实现了从知识输入到能力输出的转变。此外，崔老师还精心录制了德育渗透环节的微视频，配以英文旁白，不仅开阔了学生的视野，还极大地提高了学生学习的兴趣。

（四）打造信息课堂，突破教学难点

在技术支持下的课堂讲授中，我们运用信息技术手段，有效破解了学生在学习过程中遇到的难点，显著提升了课堂效率。这一策略不仅促进了教师的专业成长，还使学生的综合素养得到了显著提升。

以美术课堂为例，其难点在于学生如何形成创作思路，理解借形借色的方法。为了直观而有趣地解决这一难点，我们利用 FLASH 制作了小台

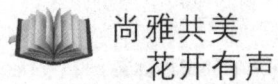

灯的梦境视频。该视频首先录屏了教师的绘画过程，然后以动画的方式呈现变身的过程，就像讲故事一样，让学生更直观地了解创作步骤，从而让学生形成创作思路。这一视频将难以理解的借色借形方法形象地展现出来，成功突破了教学难点。同时，该视频极大地增强了学生的好奇心和求知欲，使抽象的方法指导变得具体而生动。学生在观看视频的过程中轻松地掌握了设计方法，使课堂效率得到了显著提升。

（五）采集评价数据，优化教学策略

为了及时把握学生的学习情况，实施有效的干预和支持，同时也为了更全面地评价学生的学习行为和结果，我们在教学过程中注重评价数据的伴随性采集。

宿兆亮老师在综合实践课上，通过对学生作业情况进行数据采集，能够直观地看到学生每次作业的正确率；对易错题的收集，使得教学更具针对性。同时，我们还对综合实践活动过程性采集的材料进行了系统梳理，将原本纸质版、零碎的图片和文字进行归类总结。此外，我们还对学校的主题活动进行了单独整理，制作了视频并发布到家长群。这种形式的展示交流，激发了学生参与主题活动的热情。

三、践行点位理念，深化课堂教学

雅思课堂点位管理，作为一种强化教学过程管理、规范双边活动的高效策略，旨在督促师生在课堂上严谨执行各自规定的教学与学习动作，同时鼓励教师敏锐捕捉并有效利用"生成性"信息，以此凸显课堂亮点，探索并实践符合学生特性的教学方法，进而形成教师的个性化教学风格，确保教学目标的顺利达成。在这一过程中，通过时间点位、教学环节点位、空间点位以及课堂观察量表评价点位的科学管理与精准把控，实现了对课堂教学的全面优化。

（一）时间点位管理

雅思课堂采用了"3XY5"高效模式，对师生双边活动的时间进行了严格而精细的分配。其中，"3"代表上课开始的 3 分钟，用于复习旧知识和测评，确保学生以最佳状态进入新课学习；"5"则指下课前 5 分钟，用于当堂检测和拓展训练，以检验学生的学习成效并拓展其思维深度。X 和 Y 分别代表教师讲授和学生自主学习、合作学习的时间总和，且 $X+Y=27$ 分钟。

在此框架下，不同课型的课堂教学，师生所占时间比虽有所差异，但原则上教师讲授新课的时间不得超过 15 分钟，而学生自主学习和合作学习的时间设定为 12 分钟。这样的时间分配策略，旨在为学生保留充足的时间和空间进行自我探索与发展，充分彰显其在课堂中的主体地位。

（二）教学环节点位管理

雅思课堂的另一大优势在于通过对单元教学设计的实施，实现了对教学内容的统整与进阶式教学目标的预设。通过规划整节课的教学基本路径和框架，雅思课堂有效规范了师生的教与学行为，确保教学活动始终聚焦于学习单元和本节课的知识点上。这一做法不仅保证了师生双边活动不偏离主题，还促使师生合力直击知识点，当堂完成预定学习任务，迅速达成学习目标。

此外，雅思课堂还将学习目标具体化，将知识点分解为若干易于达成的子目标，并制定相应的评估任务，以表现性评价的方式逐一检验学生的学习成果，从而实现教学的高效性。

（三）空间点位管理

在课堂合作学习的点位管理方面，雅思课堂同样展现出了明确而有序的特点。以合作学习、项目学习为引擎，雅思课堂激发了学生的主动学习

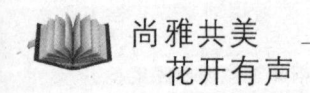

意愿和深度学习能力。遵循"组内异质、组间同质"的原则，雅思课堂根据学生的特质划分合作小组，并在小组内设置综合管理点位、计时点位、声控点位、记录点位等角色，确保每位成员都能各司其职、协同合作，共同推动学习任务的顺利完成。

（四）评价量表点位管理

为了进一步提升课堂学习的成效，关注合作学习的课堂观察量表和信息2.0项目融合的课堂观察量表，通过量化评价的方式，精准锤炼学生在合作学习中的"倾听""提问"以及"回应"等核心技能。这一量化表不仅明确了每个小组成员的具体职责，还设定了清晰可量化的评价标准，从而确保学生在合作学习过程中能够保持高度的专注与投入。通过这一举措，我们期望能够进一步规范学习流程，提升其有序性和高效性，为学生的全面发展奠定坚实的基础。

第三节　尚雅德育活动

洪家楼第三小学（以下简称洪三小）坚持尚雅共美、以德育人，致力于构建一个人本化、生活化、科学化的德育工作体系。

雅行教育的创新之处在于对"雅"字的深刻理解和运用。我们尊重学生道德成长与发展的规律，通过阅读、活动、思考、言行等多种方式，引导学生从基础规范到高雅、优雅、文雅行为的养成。这是一个从道德规范到道德自觉的循序渐进的过程，使他们经历"认知—体验—行动"的完整过程，最终实现从他律到自律，实现道德的自主成长。

在雅行教育的实践中，我们注重打造多元化雅行文化环境，整合雅行课程体系，并创设了一系列雅行特色活动。同时，我们积极协同家校力量，共同凝聚学生道德自主成长的合力。这些举措使我们的德育管理更加畅通，德育队伍更加精良，德育方法更加创新，德育途径更加广泛，德育资源得到优化，德育评价更加科学。

一、开发教育空间，打造雅行文化体验场

一所卓越的学府，不仅是知识的殿堂，还是学生心灵的港湾与生活的乐园。我校致力于开发利用每一寸教育空间，营造一个开放、多元且充满雅行文化氛围的校园环境，为学生的道德实践与个性发展搭建舞台。

步入校门，东侧那条"翰墨飘香路"便以浓郁的书香气息迎接每一位学子，这里不仅是习字诵诗的绝佳之地，还是感受中华优秀传统文化魅力的窗口。在教学楼大厅的屋檐下，一颗巨大的钢制地球仪在浩瀚宇宙中缓缓旋转，它无声地诉说着教育的星辰大海。

走进门厅，东、西两面墙仿佛是两幅生动的画卷，清晰地勾勒出学校的办学理念与课程体系，激励着每一位洪三小学子向着"六雅学子"的崇高目标不断迈进。教学楼一至四楼长达 60 米的"雅行印巷"展示墙上，记录着学生们丰富多彩的实践活动成果。教学区内的楼道文化，则分别以读书故事、经典导读、读书励志故事为主题，彰显着学校雅行育人的独特魅力。

班级文化建设鲜明地以"雅"为核心。各个班级充分发挥创意，精心打造出各具魅力的雅行园地。这些园地不仅丰富了班级的文化内涵，还成为学生们展示自我风采、培养高雅情趣的重要平台。

二、发挥品牌效应，塑造班级德育新品牌

以班级特色建设为基石，我校着力凸显学校独特魅力，精心打造"尚雅班级，润泽生命"这一德育品牌，旨在通过"六雅学子"培养的普惠性班本特色课程体系，构建一个多元化参与、自下而上、可持续发展的班本特色课程开发机制。这一机制不仅深化了 2019 年济南市优秀教学品牌

"生本理念下小学班本特色课程"的实践内涵，更实现了班班有特色、班班有课程的愿景，让学生在自己的班级主阵地中在德、情、智、体各方面均能达到至雅之境。

（一）尚雅班本文化：学生自主成长的沃土

尚雅班级的建设，是对每一寸教育空间的深度挖掘与精心打造。我们致力于营造一个开放、多元且充满雅行文化氛围的教室环境，让每一个角落都洋溢着教育的智慧与温度。教室外，雅行班徽以其丰富的内涵和鲜明的个性，成为班级的独特标识；教室内，"雅行群星榜""争做雅行好少年""快乐大比拼""好习惯早养成"等栏目，则成为学生们展示自我、彰显个性的舞台。这种独特的班级文化氛围，不仅为学生提供了道德体验和个性释放的空间，更彰显出学校对学生道德自主成长的深切关怀与尊重。

（二）尚雅班本课程：学生自主成长的航标

在"学校—家庭—社会"三位一体的教育体系下，我们形成了一套以"发动征集—审定修改—实施监控—评价筛选—反馈改进"为主要操作程序的班本课程管理机制。这一机制以教师为主导，以学生为主体，以家长、社会、专业机构为补充，共同探索出一套自下而上的班级特色课程的创建流程。从班情分析到确立主题，从提出目标到规划设计，再到阶段推进与反思评价，这一过程构成了一个循环往复、不断优化的闭环。班本课程正是基于这样的逻辑，精准并快速地满足学生的个性化成长需求，成为学生自主成长的有效载体。

（三）尚雅班级活动：学生自主成长的桥梁

班级特色活动的开展，是我们优化学生自主成长路径的重要举措。我们遵循以下原则：融入生活，强化知行合一，让学生在实践中体验，在体验中成长；主动参与，讲究润物无声，激发学生的内在动力，让教育无痕却有力；组织实践，引导自主建构，让学生在实践中学会学习、学会思考；协同家校力量，凝聚学生自主成长的合力，共同为学生的全面发展保驾护航。

三、创设特色活动，铺就道德成长康庄路

在教育的广阔天地里，雅行特色活动如同一股清泉，滋养着学生道德的沃土，引领他们在知行合一的道路上稳健前行。我们深知，真正的教育不应仅仅停留在书本与课堂，而应深深植根于生活的每一个角落，让学生在实践中感悟，在体验中成长。

（一）融入生活：知行合一的深刻内化

雅行教育的精髓在于"雅"，其生命力则在于"行"。我们倡导将雅行教育融入学生的日常生活，使之成为他们成长道路上不可或缺的一部分。我们通过精心设计的活动，鼓励学生从实际出发，将雅行理念转化为实际行动，从而强化知行合一的内化过程。

以"我和爸爸（妈妈）换一换"的亲子活动为例说明。我们打破了传统感恩教育的框架，让学生与家长进行角色互换，亲身体验彼此的生活。这一活动不仅激发了学生的兴趣与关注，还让他们在实践中深刻体会到父母的辛劳与不易。通过角色互换，学生得以从父母的角度审视生活，理解他们的付出与期望。同时，家长也在"享受"孩子角色的过程中，感受到了孩子日常所受的束缚与压力，从而更加珍惜与孩子相处的时光，给予孩子更多的空间与支持。这样的生活互动，不仅加深了亲子之间的情感联系，还让学生在实际行动中学会了感恩与分担，真正做到了知行合一。

在推行雅行教育的过程中，我们始终坚持以学生为主体。我们深知，只有为学生提供符合道德发展规律、契合身心发展规律的指导，才能让他们在雅行教育中不断成长。因此，我们鼓励教师根据学生的实际情况制定

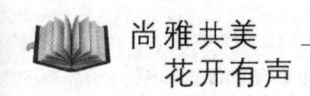

具体措施，引导他们制订自我发展计划，确保雅行教育能够深入人心、落地生根。

（二）主动参与：润物无声的熏陶感染

在校园这片充满活力的沃土上，我们积极倡导学生参与学校常规管理，通过设立"文明岗"与"文明志愿者"角色，赋予学生全新的责任与使命，让他们在日常纪律、卫生维护等校园管理的细微之处发光发热。这一举措旨在将学生从"被动管理者"的角色中解放出来，转变为积极的"主动参与者"。通过角色的转换，引导他们以全新的视角审视校园生活，从而促进其思维方式的深刻转变。

在"小小卫生督察员"这一具体活动中，我们精心策划，确保每位学生都有机会体验管理者的角色。从每个班级中精心挑选1~2名学生担任"卫生督察员"。他们成为在卫生标准上连接班级与校园的桥梁。为了避免偏见与包庇，我们采用交叉检查的方式，确保每位督察员只负责检查其他年级或班级的卫生情况，而避免涉及自己所在的班级。这样的设计不仅保证了检查的公正性，还让学生有机会从旁观者的角度审视不同班级的卫生状况，从而发现差距，学习其优点。

卫生督察员们手持检查标准，细致入微地观察每一个细节，从地面整洁到桌椅摆放，从黑板清洁到垃圾分类，每一项都严格对照标准进行比对。对于不符合标准的地方，他们认真记录；并在检查结束后，由检查组长进行总结与汇报。这一过程不仅锻炼了学生的观察力与判断力，还让他们学会了如何客观、公正地评价事物，培养了他们的责任感与使命感。

更为重要的是，通过定期轮换卫生督察员人选，我们确保了每位学生都有机会参与到这一活动中来，感受不同角色的责任与挑战。在参与的过程中，学生们逐渐理解了管理者的不易与辛苦，学会了换位思考，体会到了遵守规章制度的重要性。这种自内而外的转变，不仅让校园的日常管理更加顺畅，还在无形中对学生进行了"雅"的熏陶，提升了他们的道德水平与自我管理能力。

我们始终坚信,正确的引导与足够的空间是学生成长不可或缺的两大要素。因此,在开展各项活动时,我们始终注重学生的主体地位,鼓励他们积极思考、勇于实践。通过"小小卫生督察员"活动,我们不仅培养了学生的责任感与使命感,还在潜移默化中塑造了他们优雅的言行举止,为他们未来的成长与发展奠定了坚实的基础。

(三) 组织实践:自主建构的广阔舞台

"资源即学堂,社会即学堂,活动即学堂"是我们始终坚持的教育理念。我们充分利用区域教育资源,组织学生走进社区和大自然,让他们在实践中开阔视野、增长见识、培养责任意识和担当精神。

唐王农业实践基地、山东省科技馆、极地海洋世界、济南植物园等都留下了洪三小学生探究学习的身影。在这些实践活动中,学生不仅学到了丰富的知识,还在亲身体验中感受到了大自然的神奇与魅力。他们在这些实践活动中学会了观察与思考,学会了合作与交流,更在实践中养成了良好的行为习惯和道德品质。

此外,我们还与多所农村学校结为手拉手学校,让洪三小学生有机会感受农村文化,接受传统文化教育和爱心教育。通过与农村学生的互动与交流,洪三小学生更加珍惜现有的生活条件和学习机会,更加懂得感恩与回报。同时,他们也学会了尊重差异、包容多样,培养了宽广的胸怀和包容的心态。

依托山东大学国际教育学院的资源,我们还广泛开展了国际交流活动。这些活动不仅让学生有机会接触不同国家的文化和教育理念,还让他们在实践中学会了尊重与理解、交流与合作。通过与国际友人的互动与交流,学生更加自信地走向世界舞台,为未来的国际竞争与合作打下了坚实的基础。

实践是检验真理的唯一标准,也是培养学生良好行为习惯的重要途

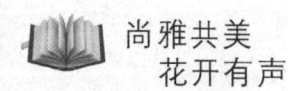

径。实践活动会给学生留下更深刻的印象和更持久的记忆。因此，我们始终注重实践教育的开展，让学生在实践中学会优雅，学会自立。通过潜移默化的熏陶与感染，我们要让学生在小学阶段就养成良好的习惯，打下坚实的德育基础，为他们将来成为一个品德高尚、行为优雅的高素质人才奠定坚实的基础。

总之，雅行特色活动的创设为学生道德的自主成长提供了广阔的舞台和丰富的资源。我们将继续秉承"以人为本、全面发展"的教育理念，不断探索更加符合学生成长需求的教育方式和方法，为学生的道德成长和全面发展贡献更多的智慧和力量。

（四）协同家校力量：凝聚道德成长的合力场

在教育领域的广袤天地中，家校共育被视为培养未来社会栋梁的基石。洪家楼第三小学作为教育创新的先锋，积极践行家校共育理念，通过构建"1332"立体模式，与家庭共同绘制"尚雅共美"的教育新生态蓝图。

这一模式以"促进学生全面发展"为核心目标，构建了四种机制——家校共育委员会、家长学校、家长课堂与家长空间，形成了全方位、多层次的家校合作体系。家校共育委员会作为领导核心，发挥着统筹协调、引领方向的重要作用；家长学校则成为家长学习育儿知识、提升教育能力的重要平台；家长课堂则通过定期举办专题讲座、分享会等活动，为家长提供实用的育儿技巧与心理支持；家长空间，作为家校沟通的桥梁，为家长提供了一个随时了解学校动态、参与学校管理的便捷渠道。

为确保家校共育工作的顺利开展，我们特别注重发挥三级家委会的职能作用，通过"调研"了解家长需求，通过"决策"制定合作方案，通过"监督"确保工作落实，通过"管理"提升合作效能。每学期，我们都会向家长发放两封家校合作计划书，系统阐述学校的教育目标与家校合作的具体任务，确保家长能够清晰了解并积极参与其中。

此外，我们还特别重视家长的专业培训，每学期至少举办两次专题讲座，内容涵盖家庭教育理论、育儿意识提升与实际操作方法等多个方面，旨在帮助家长树立正确的育儿观念，掌握科学的育儿方法，积极参与到书香家庭建设与雅行教育中来。同时，我们还定期举办家长开放月活动，结合家访、家长会等形式，有针对性地进行家校联系研讨，让家长有机会近距离地了解学校的教育环境与孩子的学习生活，增进家校之间的信任与合作。

在"充当信使，收获感动"主题活动的启发下，各班级创新性地举办了"体验式"家长会，通过书信交流的方式，让家长与孩子有机会表达内心的情感与期望，打破了彼此之间的隔阂，增进了亲子关系的融洽与和谐。有的班级还采取了"三封信"的方式，让家长、学生、老师三方通过书信传递心声，最终在家长会上共同展示。这些活动都达到了良好的沟通效果，受到了家长与学生的一致好评。

我们深知，孩子的健康成长是家庭与学校共同的责任。因此，我们始终致力于打破孩子与家长之间的隔阂，通过持续不断的探索与实践，不仅赢得了家长的高度认可，满意度稳居全区前列，更在济南市家庭教育现场会上大放异彩，成为山东省家庭教育实验基地的典范。

未来，洪家楼第三小学将继续秉承雅行教育理念，深化家校共育"1332"立体模式的实践与创新，加大对名班主任的培养力度，深化德育科研，为实现"学生道德自主成长"的德育目标而不懈奋斗。我们相信，通过家校双方的共同努力，一定能培养出更多具有高尚品德与卓越才能的新时代少年，共同书写教育事业的辉煌篇章。

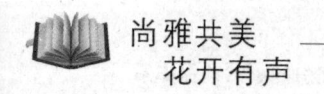

第四节　雅正教师示范

随着我校办学规模持续扩大，教师队伍亦在迅速壮大。为了快速促进教师的专业成长，全面提升教师的师德修养与教育教学水平，洪家楼第三小学积极响应时代号召，深入践行《中共中央、国务院关于全面深化新时代教师队伍建设改革的意见》及历城区教研计划要点，精心规划教师培养路径。我们致力于构建一套系统有序的培养方案，打造一支顺应新时代需求，具备高素质、专业化及创新能力的教师队伍，为学校的长远发展奠定坚实的基础。

我们坚持实施基于潜能唤醒的进阶式雅行教师助推工程，通过"人格培训—点亮工程—个性建模"的递进式培养路径，在用人格培训培养熟练教师、用点亮工程成就亮点教师、用个性建模塑造风格教师的基础上继续实施"三名"工程，培养市级、区级教学能手，助力教师成长。

自2018年以来，我校在教育教学研究方面取得了丰硕成果。全校共立项省、市、区规划课题11项，涌现出40余名市级、区级优秀教师。教师在各级各类杂志上发表文章60余篇。这些成绩不仅彰显了学校发展的魅力，也为我们继续推进教师队伍建设提供了有力支撑。

一、半日教研与信息技术2.0深度融合，助推专业深度实践

在洪家楼第三小学，我们积极倡导并实践半日大教研活动的常规化开展，同时将其与信息技术2.0深度融合，旨在通过这一创新举措，为教师成长注入新动力。我们致力于打造一个集学习、研讨、实践于一体的综合性平台，助力教师在专业领域内不断精进，实现个人与学校的共同发展。

首先，我们采用问题清单导向的策略，精准定位各教研组在教育教学中的实际需求与挑战。通过细致的组内调研，我们明确了各组需要解决的关键问题，并据此制订了学校、教研组、个人三级项目研修计划。这一计划的实施，充分利用了研修平台的资源优势，确保每位教师都能针对自身的能力短板进行有针对性的学习与提升。

其次，我们精心设计了聚焦学期教研主题的翔实的教研配档表。本学期，教研组的主题与信息技术2.0项目的推进紧密相关。通过细致入微的配档表，我们逐项落实了教师的能力点学习，确保学习内容的系统性和连贯性。同时，我们用公开课的形式进行课例研讨，及时反馈学习成果，确保高效地解决问题。

此外，各教研组还充分发挥自身优势，结合本组特点，形成了各具特色的教研模式。这些模式不仅增强了校本教研的实效性，还激发了教师们的教学创新热情，为学校的持续发展注入了新的活力。

二、"一课四研"与"四单驱动"并行，持续精进课堂教学

洪家楼第三小学创新性地推行了"一课四研+四单驱动"的双线并行教研模式。这一模式以课堂为核心，旨在通过深度研磨每一堂课，总结并推广教学中的亮点，同时集中力量解决教学难点，全面提升教学质量与学生核心素养。

一研：依托学校的公开课、交流课等平台，由上课教师精心选定课题，在深入研究课程标准、教材内容、学情特点以及评价方式的基础上，完成初步的教学设计。我们设计出指向学生预习与课上导学的"任务单"，以及用于检验学习成效的"当堂检测单"，为学生自主学习与课堂互动提供有力支撑。

二研：充分利用小教研时间，组织年级组内的教师对"任务单"的设计、教学重难点的突破等环节进行深入研讨，提出宝贵的修改建议。上课

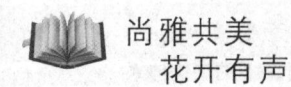

教师则根据这些建议，形成第一次的"问题清单"，为后续的教学改进明确方向。

三研：开展半日大教研活动，邀请全体教师参与听课与评课。此次研课以"问题清单"为抓手，聚焦于老师的教与学生的学，通过发挥团体智慧、鼓励合作创新的方式，对课堂进行第三次深度研磨。这一过程不仅促进了教师间的相互学习与借鉴，更推动了教学思路的碰撞与融合。

四研：回归原点，由上课教师依据前三次研课的成果，总结课堂亮点，发现存在的不足，并以此为指导，规划后续的教学工作。这一环节不仅是对前三次研课的总结与反思，更是对未来教学的展望与规划。

在"一课四研"的过程中，我们巧妙地运用了"四单驱动"策略：设计指向自主预习、课堂驱动的"任务单"，沿用指向学生课堂学习过程观察的"五有评价量化单"，设计指向课堂学习效果的"当堂检测单"，设计聚焦课堂问题的"课堂教学问题清单"。这四份清单的使用贯穿了整个研课过程，它们不仅帮助教师更加清晰地把握教学思路，还使得教学活动更加有效，也更有针对性。

通过"一课四研+四单驱动"的双线并行教研模式，洪家楼第三小学的教师团队的专业素养与教学能力得到了显著提升，学生的学习体验与学习效果也得到了极大的改善。

三、潜能唤醒实施进阶工程，加速雅行教师成长

我校致力于构建一支"善学善研、善用资源、善于改进"的高素质教师队伍。我们精心实施了基于潜能唤醒的进阶式雅行教师助推工程。这一工程通过人格培训、点亮工程、个性建模等多个阶段，助力教师从熟练走向专业，再迈向风格化。在此基础上，我们进一步推进"三名"工程，旨在培养更多市级、区级教学能手，提升教师队伍的整体水平。

（一）用人格培训培养熟练教师

通过师徒结对活动，我们让青年教师与骨干教师紧密合作，形成"青蓝共舞、以老带新"的良好氛围。同时，我们积极邀请名家名师到校指导工作，为青年教师的成长提供宝贵的外部支持。此外，我们还建立了校本青年骨干教师成长档案，通过日常交流互动、自主发展等方式，帮助他们快速成长。结合历城区新教师"两学一过关"的相关要求，我们制订了详细的新（青年）教师培养方案——"135培养方案"，旨在让新教师在一年内适应教学环境，三年内胜任教学工作，五年内成长为教学骨干。

（二）用点亮工程成就亮点教师

每学期，我们都会开展"五个一"教师素质提升工程，涵盖课堂教学、课件制作、课标学习、命题设计等多个方面。同时，我们构建了"教、研、训三位一体"的教师专业发展模式，强化教师专业发展的内驱力。在课题研究方面，我们鼓励教师立足教育教学实际，解决教学中遇到的实际问题。此外，我们还围绕"以学为中心"的课程理念，从课标再通学、教师基本功再夯实、信息技术能力提升、学科先进理论学习、班主任工作方法提升等多个方面开展培训学习，既有专家的理论指导，又有骨干教师的实践分享，让教师们在参与式学习中不断提升自己的理论储备和专业能力。

（三）用个性建模塑造风格教师

基于学校的名优教师提升工程，我们实施了"1+3"种子工程培训模式。其中，"1"指种子教师工程培训，通过培训校级"合作学习项目"，让教师们对合作学习的定义、策略、要素及技能有更深入的了解，并在课堂中开始应用。而"3"指团队"走出去"培训工程、专家"请进来"引领工程、同伴"互动式"学习工程。我们利用名师、种子教师的带动效应，以工作室为依托，通过周五的雅行讲堂等形式，使校本培训与教师专业发展需求相一致，调动教师参加培训的积极性、主动性，激发教师的创造性。

目前，我校已建立了蔷薇三小名师工作室、青蓝同行师徒工作室、沐雅行远语文工作室、沐雅行远阅读工作室等多个工作室，为教师的专业成长提供了广阔的平台和有力的支持。未来，我们将继续深化教师队伍建设改革，不断探索更加有效的培养路径，为我校的长远发展注入源源不断的动力。

四、长链规划多措并举，推动青年教师进阶

为了让我校的青年教师培训培养工作全面规范化、制度化和常态化，我们创新性地推出了"十年制长链条124培养模式"。该模式以"一个发展目标、两则指导思想、四条主线措施"为核心，旨在系统性地建设并培育我校的青年教师队伍。

在发展目标上，我们为青年教师规划了清晰的成长路径：三年站稳讲台，五年成为骨干，十年发展名师。这一目标旨在激励青年教师不断进取，通过学校培养和自我努力，逐步成长为教学领域的佼佼者。

同时，我校抓住"四条主线措施"逐层推进，分步达标，扎实有效地推进青年教师阶梯式成长。这些措施涵盖了从思想和规范到技能和科研的全方位培养，旨在帮助青年教师逐步实现短期目标、阶段目标和长期目标。在此过程中，我们注重及时有效地评价激励青年教师，让整个培养链条有条不紊、有章可循、有规可依。

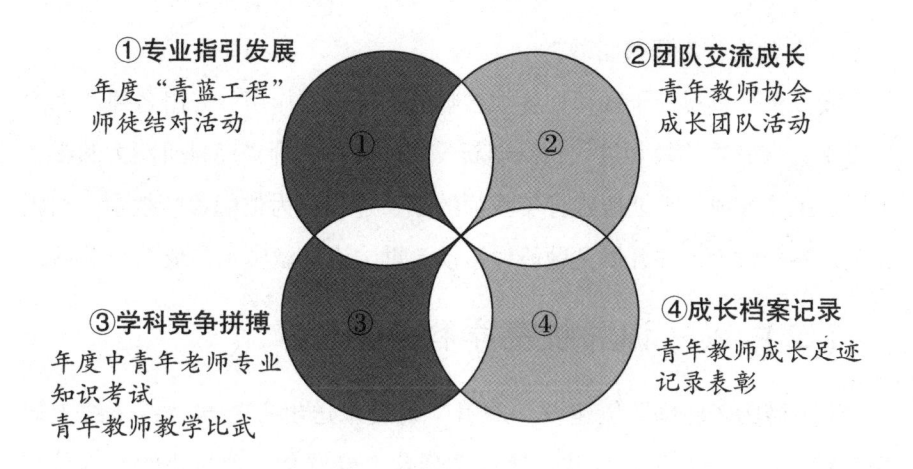

①专业指引发展
年度"青蓝工程"
师徒结对活动

②团队交流成长
青年教师协会
成长团队活动

③学科竞争拼搏
年度中青年老师专业
知识考试
青年教师教学比武

④成长档案记录
青年教师成长足迹
记录表彰

（一）以"带"研磨教学技能

教学技能是教师生涯的第一生命线，优秀的教师应具备一流的教育教学水平。我校通过三条"带教"主渠道开展对青年教师的"传、帮、教、带、培"，真正让带教落地于日常教学活动，贯穿于整个教学环节。

1. 一对一结对子带教。

为弘扬我校教师精细化的敬业精神，我校的带教结对子秉持"带着青年教师发展，伴随青年教师成长，师徒共同进步"的传帮带理念，实行"三年一聘"带教制度，签订《洪家楼第三小学青年教师带教协议书》，建立青年教师成长档案，量化考核带教工作成效，评选优秀结对子组合，通过宣传典型案例发挥示范辐射作用。

2. 备课组、教研组群体带教。

群体带教是一条行之有效的青年教师带教途径。它能推动青年教师融入学校教学文化，鞭策青年教师虚心好学，鼓励青年教师积极汲取集体教学精华。在备课组方面，我们鼓励青年教师进行单元教学设计初步说课，并在听课评课中实施清单式点评，助力他们快速成长。在教研组方面，我们积极组织学科文化活动和教研沙龙，让青年教师作为成员参与学科微项目研究、学科课题研究等，从而汲取集体教学的精华。

3. 名师工作室研修带教。

我校十分重视骨干教师和各类名师的示范引领作用，采用名师"大手拉小手"带着青年教师进行教研创新，促使青年教师提高科研能力和学术水平。工作室成员长期跟踪青年教师的成长过程，为他们诊断教学、纠正偏差、答疑解惑，并开展主题研讨活动，助力青年教师走向成熟与卓越。

（二）以"训"提高学科素养

我校致力于教师队伍建设，采用"请进来送出去"与"线下线上研修"相结合的创新研训模式，通过系列化、专题化、项目化的校内外培训，持续提升青年教师的学科教学能力和综合素养。

岗前集中培训是青年教师发展的起点。在岗前培训中，我们注重师德师风教育、职业规范操守、教学教研常规及班主任管理等方面的培养，引导青年教师从基础出发，恪守规范，为成为优秀的教育工作者奠定坚实的基础。

课堂教学是教师职业生涯的生命线。我校高度重视青年教师教学基本功的锤炼，通过青年教师学习社主题活动，如教材研读、板书设计、教案书写及信息教育技术应用等，不断提升他们的教学能力。同时，我们鼓励青年教师走出校园，学习前沿教育理论，掌握先进的教学技术。我们分层次、分批次、分项目地选派他们参加各级各类的研学培训，以课堂教学改革为契机，邀请校内外专家举办系列讲座和活动，激发青年教师的创新思维，更新青年教师的教学理念。

线上研修则为青年教师提供了灵活多样的自我提升的途径。我们倡导"边上岗边自我培训"的理念，通过青年教师学习社活动，实时推送国内外教育教学资讯，让青年教师紧跟时代步伐，关注教育改革动态，掌握新技术、新技能。此外，我校还积极鼓励青年教师参与线上学术论坛、跨区域研讨会及名师讲座等，拓宽视野，提升专业素养。

（三）以"赛"推动专业发展

实践是探索教育真理的必经之路。我校积极推行"以赛提质、以赛促研"的青年教师培育模式，提高青年教师的教学质量，丰富青年教师的教学见识与经验。我们精心组织教学基本功比赛、教学技能大赛、课堂改革创新大赛等一系列专业技能竞赛。每项比赛都需历经"青年教师全员练兵遴选选手、参赛选手再打磨、打磨后再模拟"的三步环节，促使青年教师分阶段、分批次地稳步成长，推动整个青年教师队伍呈现出螺旋式上升的发展态势。

（四）以"评"激励持续成长

为了构建一套科学有效的带教激励机制，我校将量性评估与质性激励巧妙融合，激发带教老师的积极性，确保带教工作的持久稳定。

我们依据带教结对子的质量标准，设计全面的量化评价体制，涵盖过程性评估、成果评估和阶段积分制评估，以检查指导为主，量化盘点为辅，旨在精准诊断问题，提升带教品质。

同时，基于立德树人的人文标准，我们建立一系列质性激励机制，包括研究性调查、带教情况研讨、诊断式指导、表扬式鼓舞和奖励式激励等，激发带教双方的成长动力和专业追求，使青年教师由被动成长转为主动发展，使带教老师由行政命令式带教转变为成就感驱动带教。

这套带教评价激励办法与教师教学质量机制共同构成了我校的教师评价体系，成为教职工评优评奖、评职晋级的重要参考。

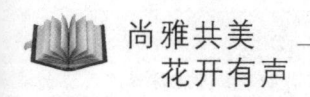

五、教师群体携手共同发展，全面提升专业素养

（一）青年教师学习社

我校高度重视青年教师的成长与发展，成立了青年教师学习社，旨在通过发挥自身优势，为2~5年期的青年教师提供锻炼与成长的平台。我们整合资源，创设多样化的学习锻炼机会，采用集中式与分散式、传授式与体验式、交流式与展示式相结合的教学方式，全方位提升青年教师的教学能力。

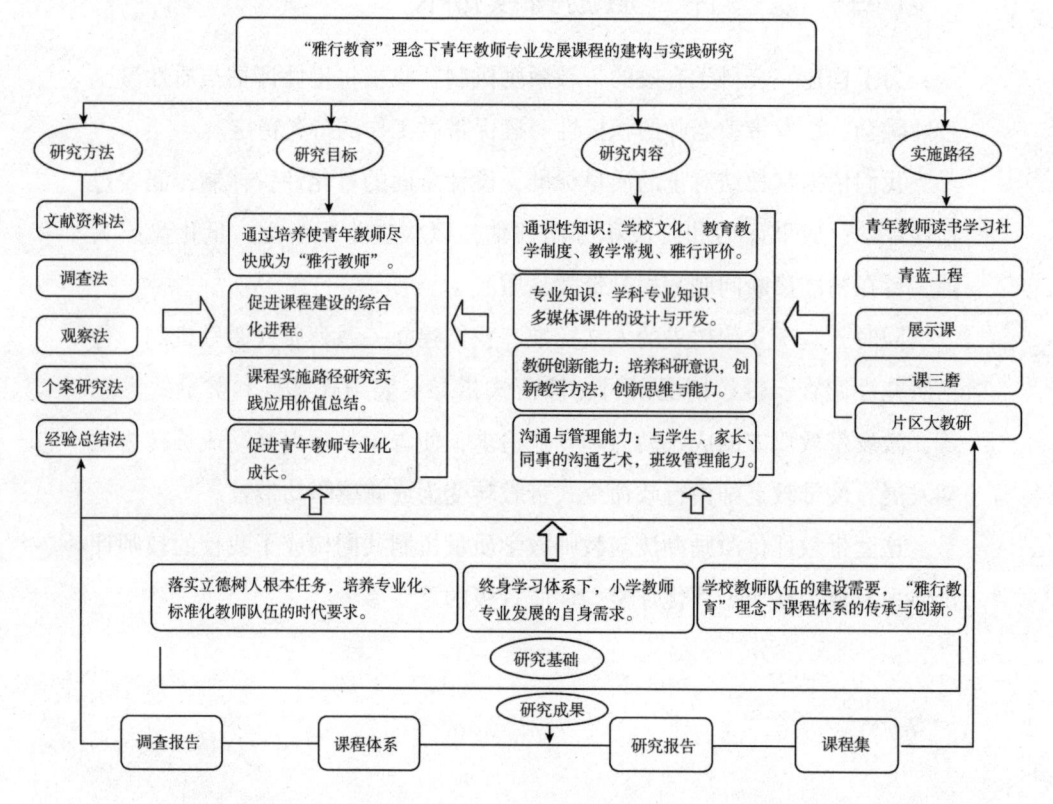

```
"雅行教育"理念下青年教师专业发展课程的建构与实践研究

研究方法              研究目标              研究内容              实施路径
文献资料法         通过培养使青年教师尽    通识性知识：学校文化、教育教   青年教师读书学习社
                   快成为"雅行教师"。      学制度、教学常规、雅行评价。
调查法                                                                青蓝工程
                   促进课程建设的综合     专业知识：学科专业知识、
观察法              化进程。               多媒体课件的设计与开发。        展示课

个案研究法         课程实施路径研究实     教研创新能力：培养科研意识，创   一课三磨
                   践应用价值总结。       新教学方法，创新思维与能力。
经验总结法                                                           片区大教研
                   促进青年教师专业化     沟通与管理能力：与学生、家长、
                   成长。                 同事的沟通艺术，班级管理能力。

落实立德树人根本任务，培养专业化、   终身学习体系下，小学教师    学校教师队伍的建设需要，"雅行教
标准化教师队伍的时代要求。           专业发展的自身需求。        育"理念下课程体系的传承与创新。
                                    研究基础
                                    研究成果
调查报告            课程体系                研究报告            课程集
```

每学期，我们坚持开展"五个一"教师素质提升工程，涵盖课堂教学、课件制作、课标学习、命题设计等多个方面，旨在夯实青年教师的教

学基本功。同时，我们着力构建"教、研、训三位一体"的教师专业发展模式，激发教师专业发展的内驱力，引导教师走"读、研、写"一体化的发展道路。课题研究则聚焦于解决教育教学中遇到的实际问题。

为了更好地跟踪和记录青年教师的成长轨迹，我们建立了校本青年骨干教师成长档案，强化日常交流互动，助力青年教师快速成长。结合历城区新教师"两学一过关"的相关要求，我们制订了详细的新（青年）教师培养方案，即"135培养方案"，旨在帮助青年教师尽快适应、胜任，成长为骨干教师。

我们定时间、定地点、定主题地开展各类学习活动，结合历城区点位管理的思路，将责任落实到人，确保学习实效。我们为每位青年教师都制订了个性化的成长计划，坚持"理论+实践"双腿走路，并通过"三人行，必有我师"的经验分享，鼓励青年教师不断汲取他人之长。我们还通过线上线下相结合的学习方式，灵活调整思路，发现问题及时解决，共同进步。

每学期，我们都会对青年教师进行考评，并设立"青年才俊"奖，对表现优秀的青年教师进行表彰和奖励。在全体教师大会上，我们邀请优秀青年教师上台分享经验，共同推动学校教育事业的发展。

（二）青蓝工程

1. 师父职责。

师父需做到"三带"：带师魂，以爱岗敬业、无私奉献的精神为引领；带师能，确保徒弟掌握扎实的教育教学基础知识与技能；带师德，传授育德之道，以身作则，为人师表。

（1）师父应成为徒弟的楷模，在师德师风、工作态度及教学业务上树立高标准。热爱学生，热爱教育事业，以高尚的师德形象影响并带动徒弟。

（2）切实承担起对青年教师的辅导责任，每学期至少进行两次具体的教学指导，从备课、上课到组织教学各环节，以及教学研究方面给予悉心指导，并认真填写师徒结对记录表。

（3）每学期至少为徒弟上一堂示范课，并在徒弟上校内公开课时全程指导、磨课，确保徒弟的教学水平得到提升。

（4）指导徒弟熟练掌握教学常规，熟悉教学研究方法。每学期至少听徒弟三节课，客观评价其教学行为，提出改进建议，助力徒弟不断成长。

（5）经常关心徒弟的教育教学情况，帮助其了解和研究学生，指导其妥善处理各种教育教学事件。

（6）互帮互学，师徒共同阅读教育专著，撰写读书心得，进行心得交流。

2. 徒弟职责。

徒弟需做到"三学"：学思想，深入理解教育教学理念；学本领，扎实掌握教育教学基本功；学做人，学会为人处世，追求真、善、美。

（1）制订个人专业成长规划，明确成长目标，虚心接受师父的指导，积极汲取知识和经验。

（2）有计划地听师父的示范课，每周至少一次，并认真记录听课心得。

（3）主动请师父审核自己的备课情况，每月至少一次，征求意见和建议。

（4）每学期至少上一节校级汇报课，邀请师父听课评课，积极参与各类比赛活动。

（5）撰写学习与工作总结，对重要教学活动进行剖析，反思得失，并向师父汇报。

（6）每学期研读一本教育教学理论书，撰写读书心得，不断提升专业素养。

（7）每周至少一天去师父所在班级跟班学习，深入实践，提升教学能力。

第三章 雅行平台共美评价：从智慧学校到智慧教育

第一节 评价体系建立的理论依据

基础教育教学综合评价体系在发展过程中呈现出两种评价逻辑：一种是以事实为基础的循证体系，另一种是以价值为主导的创生体系。两者并非相互独立和排斥的关系，而是既相叠又相接，共同构建起教学综合评价体系的逻辑结构。

一、以事实为基础的循证体系

20世纪80年代以来，随着人工智能和数据科学的快速发展以及医学领域"循证实践"理念的传播，世界各国为提高教育决策的科学性和教育教学的有效性而开展循证教育改革，推动教育评价由主观经验感知的传统模式向基于证据的科学循证模式转变。以事实为基础的循证体系源于评价理论的哲学基础中事实与价值关系转化的演绎推理，以及教育实证主义基于可测量的事实和科学证据进行推理决策的主张，是事实、证据与循证及其关系的有力体现。《知道学生知道什么》指出一个有效的评价系统需要包含三个必备成分：一个评价学科领域内学生的认知与学习的模型；一套能够提供学生能力证据的各类观察的假设与原则；一个根据评价目标和学

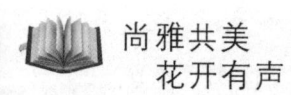

生的理解，对证据进行理解的解释过程。循证评价系统只有具备上述成分，才有可能将评价活动和关于学生如何学习的证据相连接，将证据作为教师做出专业判断和教学决策的科学依据。循证逻辑体系以评价理论与评价设计、数据挖掘与学习分析、学习改进与教学决策为基础，对课堂教学的全过程及成效进行系统性、专业化、科学性的评价。循证逻辑导向下的评价对教学过程与学习轨迹进行多层次、多维度的系统性评判，对教学要素及其内部关系进行验证性评判，本质上是判断教学活动是否为"真"的评价，具体表现为高质量的证据是通过教育数据挖掘与分析方法得到的，这一过程的关键问题在于证据的来源、分类和确证。证据可分为基于观察数据的因果推断和基于干预实验的因果推断两类。在证据的分类和确证环节，评价者需要为评价中干预和反馈的有效性提供证据，消弭证据与价值之间的张力。一方面运用数据分析技术筛选出能够反映学习效果、学习过程和教学质量的关键数据，并将这些数据转化为支持价值需求的证据；另一方面基于认知和学习模型，通过融入专家咨询意见、专家经验等隐性知识，经过证据分析处理环节，最终确定此来源是否为有效证据。有了高质量的证据，才能回答与学习和教学有关的问题。以事实为基础的循证体系最终要落实到如何实现改进学习效果和教学决策。证据具有科学意义上的客观性、真实性，更具"能动性"。证据不只是被用来充当证明某种存在物合理性、有效性的凭证，而是深究哪些证据在何种情境中能发挥效用，从而寻找出最佳证据并据此改善教学实践，以达成"最佳教学实践"的目的。简言之，以事实为基础的循证体系力图寻求生成性因果关系和交互性相关关系，主要体现着线性化的"假设—验证"思路，以最佳证据、最优决策为基础改进学生学业质量，提高评价的精准评估力、科学解释力和有效预测力。

二、以价值为主导的创生体系

价值认识论揭示了人类社会一个更为根本的事实："价值不是已然的

存在，不是静观的对象，而是需要通过智慧指导行动而使之成为存在的对象。价值是创造活动的结果。"比斯塔认为教育不但要关注资格化和社会化的教育，而且要关注主体性事件的可能性——只能以弱的、存在主义的方式"起作用"，而不是以强的、形而上学的方式起作用。作为一种特殊的价值创造活动，教学评价的创造并不是以强势形而上学的方式将"本质"赋予"存在"（从因果角度寻求"输入"与"输出"完美匹配的有效证据），而是以弱势存在主义方式呼唤生命的"本质"（以相遇和事件的角度在不确定性、不可预测的文化情境下生成一种新的"好"）。从根本上说，教学评价的价值问题是一个实践问题，解构这一问题的理论基础是马克思主义实践价值论及实践观点。作为人的实践活动的产物和结果，价值的表现形式和存在形态表现为人的"实践活动的目的""改造世界的目标"和"构建生活的理想"及其追求、创造和实现。毋庸置疑，教学评价活动是一种追求价值、创造价值和实现价值的活动，三者形成了以价值为主导的创生逻辑。

所谓以价值为主导的创生评价是在课堂教学活动中开展鉴定性判断、形成性判断和改进性判断的过程。课堂教学评价本质上是对教学和学习活动是否求善求美的探讨。以价值为主导的创生逻辑面临的首要问题是"谁的价值""谁的评价"。现有学校系统中的课堂教学评价活动，展现了一种从新的或旧的教育改革中推演出来的价值标准的无序混合。政策制定者和理论研究者制定的课程标准以及各级各类评价指标体系，从宏观层面自上而下地明确了教育教学目标。交往行动者仅被置于具有一种弱的、先验的（程序意义上的）"必须"之下，但其并没有因此而面临一种行动规则的规范性的（实质意义上的）"必须"。摆脱现有评价中困惑和冲突的唯一方法，就是在一个新的统一价值系统中对现有价值可能性进行批判和建设性探索。

对行动者而言，最重要的问题就是在评价活动中如何依据教学目的设计评价任务，如何做出明智的价值判断，如何根据结果创生价值。首先，

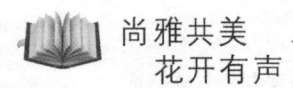

鉴定性判断主要是对教学目的进行预测，对一种尚未存在的、正在发生的、有可能通过活动而被创造出来的价值进行判断。行动者的价值观和动机决定了从什么视角以及基于什么样的评价理论或模型进行判断，即建构意义。例如，可以根据具体研究目的和问题选择适合的行为主义、建构主义、社会认知评价理论或者教育目标分类理论等进行判断。其次，形成性判断是指在课堂教学场域中对课程文本意义阐释、主体间话语分析、合作探究行为以及学生学习轨迹等进行过程性和情境性评价。评价者使用自适应评价工具，尽可能让更多冲突的观点呈现出来，最终基于教学事实挖掘真实需求，做出具有共识性的价值判断，并采取改进教学与学习的方案措施。最后，由于行政权力对教学评价的作用的范围和程度超越了应有的边界，从而干扰和影响了教学评价实践按照合乎自身内在规律的轨迹发展，限制和弱化了课程与教学评价理论对实践的解释力与指导力。开展改进性判断，让学生和教师去触碰或突破学习与教学的极限边界和思维定式，让本真性的教学评价得以发生，根据评价结果反思行动，并根据这一反思采取新的行动。简言之，以价值为主导的创生评价经历了从确定价值到生成价值再到实现价值的过程，将评价从一个以判断为核心的活动扩展到一个持续的、共同建构的学习和讨论的过程，从对旧观念、旧价值的批判中匡正价值导向和创造新的价值共识，到实现教学事实与价值的统一、理论与实践的转化生成，体现了螺旋式的"探究—改进"的旨归。

三、两种评价体系的关系

循证逻辑和创生逻辑可以在一个综合评价中全部实施，也可根据评价任务属性分别以各自为主导，作为一个独立评价体系加以实施。以事实为基础的循证体系与以价值为主导的创生体系在课堂教学评价活动中相互关联又有所区别。两种评价体系之间存在三种关系。第一种是次序关系，即以价值为主导的创生体系应当优先于以事实为基础的循证体系。价值不但是循证教学评价要考虑的一个因素，而且是循证教学评价的逻辑起点和终点。在发生学意义上，鉴定性判断是第一位的，循证评价只有从价值立场、原则和目的出发，充分考虑具体情景中何为"真善"以及达到"真善"的手段，关于证据和有效性的评价才会变得真正有意义。所以，证据为"真"仅是教学评价的一个重要组成部分，并不能构成接受证据的充分条件。如果仅仅关注证据的"真"而无视证据的"善"，评价证据终将因价值迷失或价值缺位而导致评价无意义。第二种是条件关系，以事实为基础的循证体系是以价值为主导的创生体系的必要不充分条件。以价值为主导的创生体系如果缺了事实原则，价值判断将会因缺乏客观依据和忽视人的发展的客观需求而变得主观、武断。价值解释绝不是研究者的主观评价判断，它是一种事实分析方法，即"在客体本身的状态中考察客体"的方法，它不需要研究者从事物的外部去寻找评价判断的根据，它"本身就具有将客体引向价值的各种可能性"。第三种是同构关系，即双重体系均是课堂教学综合评价体系的逻辑结构。以事实为循证体系所形成的反馈是一种以评价调节教学与学习的特定技术，它被用来提升或改善某些特定的表现，使活动运转起来，但无法更改整个评价体系的设计本身。与之不同的是，在以价值为主导的创生体系中，鉴定性判断可以改变最初的假设，形成性判断可以把整个系统带往谈判、给予与诉求，改进性判断带来调整和改善。将两种体系有机结合才有助于实现评价的科学性与艺术性、规范性与创新性的结合，有效解决教学评价中科学性不足和主体性遮蔽的问题，推动教学综合评价体系的立体式、全方位建构。

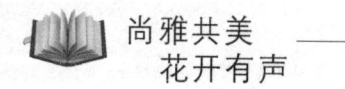

第二节 评价体系建立的实践缘起

2013年,《教育部关于推进中小学教育质量综合评价改革的意见》中提出:"教育质量评价具有重要的导向作用,是教育综合改革的关键环节。推进中小学教育质量综合评价改革,是推动中小学全面贯彻党的教育方针、全面实施素质教育、落实立德树人根本任务的重要举措,是引导社会和家长树立科学的教育质量观、营造良好育人环境的迫切需要,是基本实现教育现代化、加强和改进教育宏观管理的必然要求。"

2020年10月,中共中央、国务院印发《深化新时代教育评价改革总体方案》。该方案提出要遵循学生身心发展特点和教育教学规律,综合考查学生全面发展情况。既关注学生的学业水平,又关注其自身的品德发展和身心健康;既关注学生的共同基础,又关注他们的个性特长;既关注学生的学习结果,又关注他们的学习过程以及学习品质的形成。

个人的综合素质发展是未来人才的"硬指标"。随着世界科技的快速发展和经济全球化加深,我们正面临着一个更加多变和具有不确定性的时代。这些都为学生成长提出新要求,要求他们具备综合素养,全面发展,具备更高阶的思维能力和问题解决能力,以适应未来社会发展。

在此次"升级版"的学生评价体系中,不再唯"分数论","五育"发展和过程性评价成为评价"指挥棒"的新权重。根据学生不同阶段的身心特点,科学设计各级各类教育德育目标要求,引导学生养成良好的思想道德、心理素质和行为习惯,传承红色基因,增强"四个自信"。并且,此体系开创性地提出,通过信息化手段,探索学生、家长、教师以及社区等参与评价的有效方式,客观记录学生的日常表现和突出表现,特别是践行社会主义核心价值观的情况,将其作为学生综合素质评价的重要内容。

评价是指引我们教育的目标方向。"学生是接受教育的主体,学生评价是教育评价的基础环节。正确的评价'指挥棒',对促进学生身心健康、全面发展具有十分重要的意义。"著名教育学家陶行知曾说过:"儿童都有希望获得被认可的天性。"评价的根本目的在于关注学生在发展中的需要,激发学生内在的发展动力,帮助学生认识自我、建立自信,促进学生积极、主动地发展,形成良好的个性,成长为德、智、体、美、劳全面发展的人。但是原有评价唯分数、唯升学,注重学生的学习成果,忽略学生的学习过程。具体表现为:在评价内容上,忽视学生个人能力培养和个性发展,使学生自身发展不平衡、不充分;在评价方式上,终结性评价比重过大,过程性评价被忽略,忽视学生进步和努力程度,导致学生学习兴趣不高、自主性不强;在评价结果的使用上,更多用来甄别和选拔,减弱了诊断、激励和改进的功能,使教育生态遭到破坏,无法形成良性发展。这些问题严重影响了学生的健康成长,制约了学生社会责任感、创新精神和实践能力的培养。教育塑造的并不是一个知识的容器,而是一个健全完整的"人"。个性而全面的评价则能有效协助学校与家长培养一个健全完整的"人",一个身体健康、人格健全、热爱生活并幸福生活的完整的"人"。

济南市历城区洪家楼第三小学始建于1993年,现分东、西两个校区,有64个教学班,3000余名师生。自2013年起,我校结合发展实际,通过对书香校园特色建设和行为习惯养成教育理念内涵的深化理解,开启"雅行教育"新里程,以培养"读雅书、生雅趣、促雅思、讲雅言、行雅仪、做雅事"的"六雅"学子为育人目标,凝练"尚雅共美"的办学理念,反复研究设计了《"雅行"少年评价方案》,逐渐建立了"雅行教育"评价体系。

为了加强学校文化建设、做好文化育人顶层设计,我校在原有碎片化经验基础上,在上位进行系统结构化整合,形成学校雅行文化引领下的"四柱一基三保障"结构,整体架构学校文化引领下的雅韵课程体系、雅思课堂建设、尚雅德育活动、雅正教师示范(文化立校四大支柱)与共美评价机制(一个基石)及三级管理、信息技术2.0支持、家校合作(三大保障)之间的发展系统,在育人过程中唤醒师生的自觉意识与文化归属

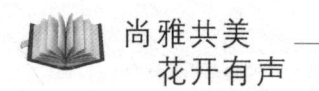

认同，引导学生不断提高综合素养，向真、善、美发展。在这个系统中，我们的雅行教育评价体系已经升级为共美评价机制，成为整个发展系统的基石所在。

第三节 评价体系构建的基本原则

一、客观性原则

客观性原则是教学评价的首要原则。它不仅是整个评价体系的基石，更是确保评价活动公正、准确进行的根本保障。客观性原则的内涵丰富而深刻，它要求评价的依据、过程和结论都必须具备客观性。首先，评价的依据（原始材料）必须是客观的，这要求评价者必须深入课堂教学第一线，广泛收集来自课堂教学的真实资料和数据，确保评价的基础扎实可靠。这些资料和数据应该能够全面、准确地反映学生的实际学习情况和教师的教学效果，为评价提供有力的支撑。其次，评价的过程也必须是客观的。评价者必须遵循科学、规范的评价程序，确保评价过程的公正性和透明度。在制定评价标准时，要明确、具体、一致，减少主观性对评价结果的影响。同时，评价程序要合理、规范、严谨，确保评价过程的每一个环节都符合科学要求，增强评价的权威性和可信度。最后，评价的结论也必须是客观的。评价者要根据评价依据和评价标准，对评价过程所得出的数据进行客观分析，得出准确、可靠的结论。这些结论能够真实反映学生的实际学习情况和教师的教学效果，为教学改进提供有力的依据。

然而，必须注意的是，评价活动毕竟是人的活动，一切人的行为都不可避免地带有主观性。因此，在评价过程中，必须对参与评价的主要成员进行严格筛选和培训。他们应该具备公正无私的品质、较高的专业素质、认真严谨的做事态度以及先进的教育理念和方法。同时，必要的培训也是保证评价人员高素质的重要途径。通过培训，评价者可以更加深入地理解客观性原则的内涵和要求，掌握科学的评价方法和技术，提高评价的准确性和可靠性。

客观性原则在教学评价中具有至关重要的地位。只有坚持客观性原则，才能确保评价活动的公正性、准确性和可信度。因此，在构建和实施教学评价体系时，必须始终将客观性原则放在首位，通过多方面的努力，使教学评价尽可能客观，这样才能为教学改进提供有力的支撑。

二、发展性原则

发展性原则是教学评价体系的核心原则，是评价活动的灵魂与向导，深刻地体现了评价的价值所在。没有发展性原则作为引领，评价的意义将大打折扣，评价活动也可能因此变得盲目、缺乏方向，甚至陷入混乱。回顾历史，我们不难发现，在很长一段时间内，教学评价的功能被片面地理解为甄别与选拔。这种局限性的眼光，如同一把无形的枷锁，限制了教学评价效益的充分发挥，也遮蔽了它本身所应具备的丰富多元的功能。在这样的背景下，教学评价往往成为一种冷冰冰的工具，忽视了其作为教育过程中重要一环的育人价值。然而，随着教育研究的不断深入和教育理念的持续更新，人们开始逐渐意识到教学评价的重要价值，并致力于充分发掘和利用其功能。教学评价，这一曾经被误解和忽视的领域，如今正焕发出新的生机与活力。它不再仅仅是一种简单的评判手段，而是成为推动教育教学改革、促进学生全面发展的有力杠杆。发展性原则强调，教学评价的根本目的在于促进发展。这里的"发展"，是一个广泛而深刻的概念。它不仅指学生的学习和发展，还涵盖了教师的发展、课程的发展以及教育科学的发展。这四个方面相互依存、相互促进，共同构成了一个完整的教育生态系统。教学评价应当成为学生成长道路上的引路人和伙伴。通过科学、合理的评价，我们可以准确地了解学生的学习状况和需求，为他们提

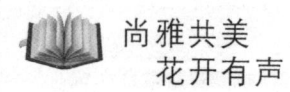

供个性化的指导和支持，帮助他们更好地实现自我发展。同时，教师的发展也是教学评价不可忽视的重要方面。教师作为教育教学的实施者和引导者，他们的专业素养和教学能力直接影响着教育教学的质量和效果。因此，教学评价应当关注教师的成长和发展，为他们提供必要的培训和支持，帮助他们不断提升自己的教育教学水平。此外，课程的发展和教育科学的发展也是教学评价需要关注的重要领域。只有不断优化和完善课程体系，推动教育科学进步和创新，才能为学生提供更加优质的教育资源和服务，促进他们全面发展。

三、全面性原则

全面性原则是就教学评价的对象而言的。教学评价是对整个教学活动的全面审视与评估，其涵盖的对象范围广泛且复杂。若从活动的主体维度来剖析，教师和学生无疑是两个核心要素。教师作为知识的传授者与学生的引导者，其专业素养、教学技巧、课堂管理以及与学生的互动方式等，均构成评价的重要方面。学生则是学习的主体。他们的学习态度、知识吸收能力、情感发展、行为变化、团队协作能力、创新思维及问题解决能力等，同样是评价不可或缺的内容。

从活动的性质来看，教学评价需兼顾教师的"教"与学生的"学"。教师的"教"不仅关乎教学内容的准确性、教学方法的适切性，还涉及教学节奏的把握、课堂氛围的营造等。学生的"学"则体现在对知识的内化程度、学习方法的掌握、学习策略的运用以及学习成果的展示等多个层面。

从活动的程序角度审视，教学评价应贯穿教学准备、教学过程和教学结果三个阶段。在教学准备阶段，教师的课程设计、教学目标设定、教学资源的整合与利用等，需接受评价的检验。在教学过程中，教师的教学行为、学生的学习表现、师生间的互动交流、课堂生成性资源的处理等，均成为评价的重点。而教学结果，则通过学生的学习成效、能力发展、情感态度变化等维度来衡量。

即便仅聚焦于学习者，教学评价也需要综合考虑学生的多方面发展。知识掌握是基础，但同样重要的是学生的情感态度（如学习兴趣、学习动力、学习毅力等）、行为改变（如学习习惯的养成、自律能力的提升等）、交往能力（如团队合作能力、沟通协调能力等）、参与水平（如课堂参与度、课外活动的投入程度等）。对于施教者而言，除了教学组织实施、课堂管理行为外，还应关注其教学设计的创新性、针对性，以及在课堂上如何有效地促进学生的人际交往，构建和谐的师生关系。

因此，只有采用全方位、立体式的评价视角，对教学活动中的一切因素给予充分的关注与评价，才能确保评价的全面性和公正性，做出完整的价值判断，才能使评价活动有效地促进师生的发展。要提高评价工作的全面性，必须在评价标准的制定上做全面周详的分析与规划，确立完善的评价指标体系，并要合理配置各项指标的权重。在具体实施过程中，要多方面收集资料，广泛听取意见与建议，辩证地处理评价资料。

四、多样性原则

多样性原则是就教学的评价方式而言的。教学活动作为一个复杂且多维的系统，其涉及的内容广泛而深入，评价对象也丰富多样。在这样的背景下，任何单一形式的评价都如同盲人摸象，难以全面而准确地反映教学的真实情况，进而可能抑制评价的发展性作用。因此，为了更科学、更全面地评价教学活动，有必要引入多样化的评价方式，以形成互补，共同构建一个全面、立体的评价体系。

（一）他评与自评相结合

教学活动是教师与学生共同参与、互动生成的过程。在这个过程中，教师和学生的主体意识、能动性以及创造性都是决定教学成败的关键因素。因此，在教学评价中，我们不能忽视他们的自我评价。经常性的自我评价不仅能够调动师生的积极性，提升他们的自我反省能力，还能够促进他们自我认知的提升和自我发展的实现。同时，他评作为另一种重要的评价方式，能够从外部视角对教学活动进行审视和评判，为师生提供更为客观、全面的反馈。教学评价将他评与自评相结合，形成内外结合、相互印证的评价格局。

（二）诊断性评价、形成性评价与总结性评价相结合

教学活动是一个动态发展的过程，其效果不仅取决于课前的准备与设计，还受到课中的即时表现以及课后的检测与反馈等多重因素的影响。因此，在教学评价中，我们不能仅仅关注教学的结果，而忽略其过程。诊断性评价能够在教学活动开始前对师生的准备情况进行评估，为教学活动的顺利开展提供基础；形成性评价能够在教学过程中及时发现问题，促进教学活动的持续优化；总结性评价则能够在教学活动结束后对整体效果进行评判，为未来的教学活动提供经验和教训。将这三种评价方式灵活结合，使评价结论更加科学、更加具有指导意义。

（三）量化评价与质性评价相结合

量化评价与质性评价代表着不同的评价理念，具有不同的特点。量化评价"力图把复杂的教育现象和课程现象简化为数量，进而从数量的分析与比较中推断某一评价对象的成效"。它以客观、精确、可验证、标准化程度高为标志，简便易行，容易操作，一直在实践中处于支配地位。然而，影响课堂教学的变量很多，量化体系只能考虑有限的变量，容易忽略教学评价中那些不可测量的重要方面，从而影响教学评价的可信度。而质性评价的目的在于把握课程质的规定性，通过对教学现象进行广泛细致的分析，深入理解，进而从参与者的角度来描述其价值和特点。质性评价带有较大的灵活性，是一个连续性的、动态的过程，是一种共同参与的活

动，是建立在事实基础上的客观描述、评论，在一定程度上能够克服量化评价中可能发生的偶然性。但比较而言，它又具有一定的模糊性，评价主体也会不可避免地受到各种主观因素的干扰，从而影响评价的可信度和有效度。所以说，量化评价与质性评价各具优点和不足，两者都无法单独使用来解释所有问题，需要两者参用，使它们互为补充、互相支持。

五、实效性原则

实效性原则是整个教学评价体系建构的落脚点，其核心目的在于确保教学评价体系能够真正发挥其应有的功能，即服务于教学质量的提升和师生的全面发展。实效性作为教学评价体系建构的核心追求，应当从两个层面进行深入探讨。

一是教学评价体系本身的实效性。这一层面的实效性主要关注的是评价体系设计是否合理、科学，是否能够全面、准确地反映教学活动的真实情况。为了确保评价体系的实效性，我们需要加强其专业性，包括但不限于：基于教育评价的前沿理论和实证研究，设计科学合理的评价指标；结合不同学科、不同年级段的教学特点，制定具有针对性的评价标准；运用先进的数据分析方法和技术，对评价数据进行深入挖掘和分析，以确保评价结果的客观性和准确性。在构建评价体系时，我们还需注重其实用性和可操作性。这意味着评价体系不仅要具有理论上的严谨性，还要能够在实际教学中得到有效应用。因此，我们需要广泛听取一线教师、学生及家长的意见和建议，不断完善评价体系，使其更加贴近教学实际，真正起到指导和改进教学的作用。

二是评价执行的实效性。这一层面的实效性主要关注的是评价过程是否严谨、公正，评价结果是否能够得到有效利用。为了确保评价执行的实效性，我们需要建立完善的评价机制和流程，明确评价者的职责和权利，确保评价过程的公正性和透明度。同时，我们还需要加强对评价结果的分析和利用，将评价结果及时反馈给教师和学生，帮助他们了解教学和学习

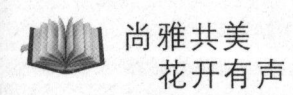

中存在的问题和不足,从而制定有效的改进措施。此外,为了提升评价执行的专业性,我们还需要对评价者进行培训和管理。评价者不仅需要具备扎实的评价理论知识和实践经验,还需要具备良好的职业道德和责任感。因此,我们需要定期对评价者进行培训和考核,不断提升他们的专业素养和综合能力,以确保评价工作的顺利进行和评价结果的客观公正。

总之,加强教学评价体系建构的实效性需要从两个层面入手:一是确保评价体系本身的科学性、合理性和实用性,二是确保评价过程的严谨性、公正性和评价结果的有效利用。这两个层面相互关联、相互促进,共同构成了教学评价体系构建的完整性和专业性。

第四节 评价体系的构建与实施

一、"尚雅共美"评价体系简述

结合洪家楼第三小学"尚雅共美"教育理念,我们召集各学科负责人、骨干班主任教师、家委会主任及优秀学生代表,根据学生在校、在家、在社会的实际情况以及年龄特点,反复研究设计《尚雅共美评价方案》,逐步建立教育教学评价机制。"尚雅共美"评价体系将"五育"发展融合进学习能力与行为能力中。评价基础章分为学习的"书"和行为的"礼"两部分。基础章"书""礼"章分别是评价学生学习能力和行为能力的过程性基础卡。三级评价卡书香卡、书韵卡、书礼卡是学生成长过程性的等级兑换卡。

(一)基础章

"书"章为红色正方形卡片,正面是"书"的字体,寓意学生认认真真读书，方方正正写字。

"礼"章为绿色圆形卡片，正面是"礼"的字体，寓意学生做任何事都要符合规范。

（二）进阶卡

"书香""书韵""书礼"卡片以长方形为主，分别为铜色、银色、金色（颜色呈现梯度等级），正面分别是不同字体（字体呈现梯度等级），反面分别是读书格言、读书小故事、谦谦君子礼仪。

学生在校、在家、在社会成长的过程中获得一定数量的"书""礼"章，兑换书香卡；随后根据发展过程中获得的评价，按照5张一晋级的原则，依次兑换三级评价卡，即5张书香卡换一张书韵卡，5张书韵卡换一张书礼卡。书礼卡是最高评价卡。5张书礼卡兑换学校"雅行少年"徽章。期末时"雅行少年"有机会参加学校"雅行十佳少年"的评选。

片片书香卡，书香润童年；悠悠书韵卡，书韵溢人生；谦谦书礼卡，书礼铸辉煌。评价层层递进，鼓励学生不断"尚雅"成长。

除此之外，"尚雅共美"评价体系整合"学生发展质量评价"中的五大板块：品德发展、学业发展、身心发展、审美素养、劳动技能与社会实践。每方面由任课教师、班主任、教导处、少先队根据管理分工制定有针对性的评价细则。通过体育达标、视力保持、课堂表现、作业完成、检测成绩、写字情况、诵读情况、特长表现等方面的良好表现来获得相应的卡章，以全面而个性的综合素质评价，尊重、唤醒、发展学生全面而个性的雅行少年成长过程，督促并激励学生通过自己的努力，闪耀自己的"雅行"之光，让每一个学生都体验到成功的喜悦，从而激发学生自身的内驱力，从他律实现自律，实现自主成长。

二、坚持以多元化评价为根本

加德纳的多元智能理论为我们提供了理解人类智能结构的视角。他认

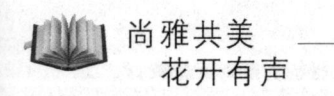

为，每个人都拥有八种以上的智能，这些智能并非孤立存在，而是相互交织、共同影响着个体的行为和表现。这些智能之间是同等重要、相互独立的，每一种智能都有其独特的价值和作用。同时，这些智能还具有发展性，随着个体的成长和教育环境的改变，它们也会不断发展和变化。

在多元智能理论中，每个个体所拥有的智能程度和智能结构都具有差异性。这意味着，不同的人可能在不同的智能领域表现出色，而在其他领域则相对较弱。这种差异性不仅体现在个体之间，还体现在同一个体的不同发展阶段。因此，教育应该尊重这种差异性，为每个学生提供适合他们智能特点的学习和发展机会。

加德纳将评价定义为"获得个人技能或潜能等信息的过程"。这意味着，评价不仅仅是对学生已经掌握的知识和技能的简单测量，更是对他们潜在能力和未来发展的预测和判断。因此，评价应该是一个全面、深入、持续的过程，应该关注学生的整体发展，而不仅仅是某个特定领域或技能的表现。在多元智能理论的指导下，评价应该是以发展的眼光看待学生，促进学生的发展。评价不仅仅是为了给学生一个分数或等级，更是为了帮助他们发现自己的优势和不足，为他们提供有针对性的指导和建议。同时，评价主体也应该多元化，从不同的角度和不同的层面来观察、评价学生的表现和发展。这种多元化的评价方式不仅可以提高评价的准确性和全面性，还可以增强学生的自我认知和自我评价能力。

加德纳的多元智能理论为我们提供了一个全新的视角来理解人类的智能结构和评价方式。它告诉我们，每个学生都拥有不同的智能特点和发展潜力。因此，我们应该尊重这种差异性，为学生提供适合他们智能特点的学习和发展机会，并通过全面、深入、持续的评价来促进他们的全面发展。

结合我校"尚雅共美"的办学理念，为唤醒每一个学生的发展潜能，学校多年来构建了线上线下操作、学科多元协同的"共美评价机制"。从品德发展、学业发展、身心发展、审美素养、劳动技能与社会实践建构评价体系框架，以激发和发展学生的多元智能为目标，积极创造自我认识与展示的环境和文化氛围，使每一位学生都获得成功的喜悦、增强自信，形成自我发展的内在动力，促进各项智能在原有水平上发展。

（一）评价内容多元化

整个"共美评价机制"内容整合"学生发展质量评价"中的五大板块：品德发展（增加对学生诚信、友善、尊重他人等品质的评价）、学业发展（除了关注学生的学习成绩，还应评价其学习态度、学习方法、创新思维等方面的能力）、身心发展（增加对学生心理健康、情绪管理、团队合作等方面的评价）、审美素养（评价学生的艺术鉴赏能力、审美情趣和创造力）、劳动技能与社会实践（关注学生在实践活动中的参与度、实践能力和社会责任感），以促进学生全面而个性发展。通过体育达标、视力保持、课堂表现、作业完成、检测成绩、写字情况、诵读情况、特长表现等方面的良好表现来获得相应的卡章，逐层评价。

（二）评价主体多元化

小组评价：每堂课给小组长颁发"书"章、"礼"章各1枚的权利。"书"章奖励本堂课积极参与、认真学习的学生；"礼"章奖励给本堂课学习行为规范的学生。

教师评价：任课教师对学生的学习行为规范及时做出激励性评价，并颁发一定数量的"书"章、"礼"章。

班级日评：每天由班级值日班长负责考核，每天一小结，每周一总结，每月一评比。每天利用早读前5分钟，总结前一天的班级整体情况；小组长对本组内学生从"书""礼"两个方面进行点评，现场奖励或扣除"书"章、"礼"章和"书香"卡、"书韵"卡、"书礼"卡，让学生及时发现自己的优点和不足，及时改进。

我校班主任、任课教师、少先队、家长和班内组长负责发放基础评价

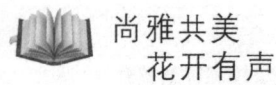

"书"章、"礼"章，班主任负责换取"书香"卡。我校各部门负责人负责各类活动评价及记录，少先队负责换取"书韵"卡、"书礼"卡和"雅行少年"徽章。

三、坚持以阶梯式评价为思路

学生的发展是阶段性的、可持续性的，身心健康、品德修养、学习能力、个性成长等方面的成长根据学生身心发展规律也呈现出各自的特点和阶段性表现。建立阶梯式评价内容、评价标准以及评价方式，并通过各种方式进行可视化记录、展示，一方面，能够更加客观地形成学生个人发展的轨迹，更好地促进学生树立上进意识；另一方面，为宏观上观测不同年级学生的发展水平，诊断学校质量发展，提供真实数据材料。与此同时，建立与之相匹配的雅行评价数字化管理系统，构建师生、家校、自评、互评的量化平台，通过过程性、连续性、促进性的评价引导学生健康发展。

在评价过程中，我们根据学生评价的等级进行过程性评价和表彰。每周各班根据评价推选出班级的"学习之星""礼仪之星""进步之星""雅行之星"，周一在升旗仪式上由校长亲自为每周之星颁奖，让学生都有"跳一跳"就能"够得着"的成功与自信。在各种活动中，为获得优异成绩的同学及时发放三级评级卡；及时表扬、鼓励学生在各个方面的优秀表现，每学期的过程性评价为学生兑换"雅行少年"徽章。期末时，我们会在本学期内的"雅行少年"中综合他们全面而个性发展的情况（在德智体美劳全部达标的基础上评选事迹、作业、活动证书），评选出"雅行十佳少年"，在下一学期的开学典礼上颁发奖杯，分享他们的成功经验，充分发挥正能量的引领作用。

四、坚持以数字化评价为手段

为了便于评价的可操作性，高效且直观地研究每位学生的身心、学习、品德和个性发展情况，我校在深入探索与实践的基础上，开发建立了功能更为完善的雅行评价数字化管理系统。这一系统不仅实现了对学生综合素质的全面记录与分析，还极大地促进了教师、学生与家长之间的沟通与协作，共同为学生的身心发展保驾护航。

在构建雅行评价数字化管理系统时，我校充分运用了综合新课程理念的全新评价标准，精心打造了一个集师生、家校、自评、互评于一体的量化平台。该平台以智慧校园建设为坚实支撑，对原有的"三分三评"雅行个性评价机制进行了2.0版的升级与完善。通过这一平台，我们能够直观地获取每位学生多元发展的详细数据，并为其生成个性化的诊断分析改进报告，从而更有效地指向学生综合素质的雅行评价。

在雅行评价数字化管理系统的实践中，我们主要从"三分"与"三评"两个维度对学生的雅行教育评价机制进行深入研究与尝试。其中，"三分"即分层实施、分类而评、分科而评的研究方法。我们针对不同年级段、不同学科、不同班级的学生，设计了更为细致且有针对性的评价细则，确保评价的精准性与有效性。而"三评"则是指评价机制的具体实行方式，包括定性评价与定量评价相结合、班主任评价与同学评价相结合、学校评价与家长评价相结合。这种多元化的评价方式，不仅丰富了评价的维度与层次，还增强了评价的客观性与公正性。

雅行评价平台支持下的共美评价机制，更是打破了以往纸质评价的信息滞后性。现在，教师们能够在每节课后及时对学生当堂的表现进行评价，并在课下对学生的作业、行为习惯和品德等方面进行综合评价。家长们也可以通过登录平台，随时查看学生当日当堂的表现，并对学生在家中的表现进行评价。这一机制不仅实现了教师、学生、家长三端之间的沟通从单行线式向畅通无阻的双向沟通转变，还极大地促进了家校合作的深入实施与有效运行。

参与雅行评价数字化管理系统的班级，在课堂学习、行为习惯、学习

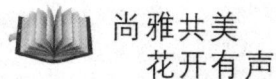

能力和道德品质等方面均呈现出了良好的状态。与先期相比，这些班级的学生在各方面均有了质的飞跃。这一显著成效的取得，离不开雅行评价数字化管理系统的有力支撑。未来，我们将继续深化雅行评价数字化管理系统的应用与研究，不断完善评价机制与流程，为学生的全面发展提供更加坚实有力的保障。

五、坚持以"4321"协同评价为支持

评价是为了寻找每个学生的真实天赋和卓越才能，为学生提供各种展示平台。科学合理的系统评价可以收集关于学生个体的独特智能构成信息，教师以此来帮助学生运用自己的强项去发展弱项，以促进学生个人健康成长。

为改变原有的忽视差异和维度单一的评价，使碎片化的学科活动体系化，教师、家长、学生共同研究制定《家校共育学生成长计划书》，定制化实施"4321"发展工程。其中，"4"是指四个基础过关，包括词语听写、计算能力、古诗文背诵考级、书法考级，每次过关奖励书香卡1张；"3"是指三个学科拓展竞赛，即话题作文（读书与时政）、数学应用、生活英语竞赛，每班10人参与学校评比，以年级为单位按照50%的比例评选出5星，奖励书韵卡1张。选出的10人中没有获得5星的同学和班级剩余学生参加班级自评，按照成绩选出四、三、二、一星和无星。四星，奖励书香卡3张；三星，奖励书香卡2张；二星，奖励书香卡1张；一星，奖励书章2张。"2"是指两种朗读能力考查，包括语文朗读能力和英语朗读能力（3~4年级）。以年级为单位，50%的班级被评为一等奖，获奖班级每位学生奖励书香卡1张；30%的班级被评为二等奖，获奖班级每位学生奖励书章10张；20%的班级被评为三等奖，获奖班级每位学生奖励书章8张。"1"则是指一次全课程自我展示，按照校级比赛评价标准发卡：一等奖奖励书韵卡1张，二等奖奖励书香卡3张，三等奖奖励书香卡

2张。全校学生在语言文学、科学探究、社会体验、艺术修养、体育健康等几大领域自主活动，进行小文学家、小设计师、小探究家、小艺术家等多维度、多层面的比拼展示。在评价中，引导学生不与别人竞争，要和自己比赛，在自尊、自信中自主发展。

六、坚持以思想政治启蒙引领学生综合素质全面发展

2019年，共青团中央、教育部和全国少工委联合印发《关于构建阶梯式成长激励体系　增强少先队员光荣感的指导意见》。我校落实《"红领巾奖章"实施办法》，充实完善我校评价体系中原有的"品德修养"这一项目的内容。结合上级文件内容，在品德修养方面细化标准，增强学生政治素养，以思想政治启蒙引领学生全面而个性地发展，重新修订"尚雅共美"评价实施办法。

第五节　"共美评价机制"的实施效果与展望

教育评价有坚定、导向、诊断、调节、教育等功能，引导教育活动朝着正确的方向发展。我校自2005年尝试做"有温度的评价"至今，经历了从好习惯成长记录，到书礼少年综合素质评选，再到结合我校"雅行文化"的雅行教育共美评价机制的确立三个阶段。经过多年的探索，我校在教育评价方面已经取得了丰硕的成果。

一、构建了具有校本特色的"共美评价机制"

我校秉持"雅行教育"育人理念，旨在以明雅的品德、博雅的学思、

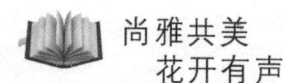

高雅的情趣唤醒人的潜能，培养"读雅书、生雅趣、促雅思、讲雅言、行雅仪、做雅事"的"六雅"学子。雅行教育共美评价机制，正是我校"四柱一基三保障"文化育人系统中的基石，充分发挥教育评价的杠杆作用唤醒个体潜能。

我校以智慧校园建设为支撑，开发建立了家、校、生三方协作参与的数字化评价管理系统，实现线上线下协同操作。

二、学校办学质量显著提高

（一）学生的潜能得到开发

近年来，雅行学子屡屡在科技创新方面斩获国家级、省级一等奖，在济南市青少年科技创新大赛累计获奖人次超过百人；学校管乐团、合唱团双双被评为济南市高水平学生艺术团；我校学子的书画作品在山青之星和七项技能大赛中频频摘金。荆兴洁同学获"致敬英雄"全国青少年文化艺术创作主题教育竞赛朗读演讲大赛全国总决赛一等奖，刘妍希同学在"致敬英雄"阅读写作大赛竞赛单元获山东省二等奖，张梓萱同学在济南市图片故事讲述大赛中获得一等奖，张同辰同学在全国学生"学宪法讲宪法"活动中获得济南市唯一的一等奖。

（二）有助于教师的专业成长

赵建宝被评为山东省校园安全先进工作者，王丛丛老师被评为山东省优秀辅导员，胡晓卉老师在2021山东省中小学美术教师基本功展示活动中获得小学组教学素养一等奖，孔玉老师制作的微课获山东省一等奖，陈克荣老师荣获"济南市教书育人先进个人"称号，吴芳芳老师被聘为"互联网+教师专业发展"工程市县专家，宿兆亮老师被选为济南市优秀青少年科技辅导员。李山老师主持的市级课题"'雅行教育'理念下青年教师专业发展的建构与实践研究"立项，并被推荐参加省级教研课题评选。孔玉老师的论文《济南传统村落研学旅行资源调查与研究》荣获济南市一等奖。李翠丽、张孝庆、刘佳、孔玉、李萌、王琛等老师获评济南市优质课一等奖，李莎莎老师、王琛老师获评济南市优质课二等奖。

（三）教育教学质量进一步提升

近年来，我校先后被评为山东省规范化学校、家庭教育示范基地、山东省绿色学校、济南市教书育人先进集体、济南市语言文字示范校、济南市音乐教研示范校、济南市书香校园、济南市青少年科技教育工作先进单位，被华东师范大学认定为青少年社会与情感能力培养联盟成员单位，被山东政法学院认定为实践基地。洪家楼第三小学班主任工作室被评为山东省中小学"优秀班主任工作室"，我校少先大队被评为山东省优秀少先队集体，我校四（5）中队被评为全国红领巾中队。我校创建的"聚焦问题技术赋能教学改进"案例被评为山东省中小学教师信息技术应用能力提升工程2.0组织实施类学校典型案例。

三、"雅行教育"共美评价研究成果得到认可和赞许

历城区前张小学骨干教师、幸福柳小学骨干教师、智轩小学骨干教师、钢城区校长教育考察团、钢城区里辛街道中心小学考察团、禹城考察团、聊城市高唐县三十里铺镇中心小学考察团、河北省邢台市清河县国培学员考察团、陕西省中小学管理干部考察团、青海省西宁市教育考察团等，先后来我校考察雅行教育共美评价的实施。甘肃省东乡族自治县汪集小学领导与教师在与我校青年教师学习社的连线交流中探讨"雅行教育"共美评价的管理和实施。济南市教育研究院周园博士，华东师范大学李宝敏教授团队，山东省能力提升工程2.0省级专家王立新、秦艳、王燕平、王睿多次莅临我校就雅行评价开展调研指导。2023年，我校三次参与山

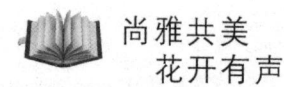

东省综合评价研讨会。王丛丛老师在山东省"教育评价牵引跨学科教学实践"现场研讨会作经验分享，得到山东省教科院的高度评价。

四、存在的问题

（一）如何发挥教育评价的诊断、调节、教育功能

教育评价不仅是教育者了解学生现状、调整教学策略、促进学生全面发展的有力工具，更是培养学生社会责任感、塑造未来社会公民素质的关键所在。因此，我们应当高度重视评价在教育过程中的作用，不断完善评价体系，创新评价方法，为培养具有强烈社会责任感的新一代青年贡献智慧和力量。

（二）如何将学生的内在变化转换为外显行为

品德发展、情感认同、素养提升等内在变化，是构成学生全面发展的重要组成部分。这些内在变化不仅关乎学生的个人成长，更影响着他们未来的社会责任感和公民素质。因此，将这些内在变化转化为外显行为，不仅有助于教育者更准确地了解学生的实际状况，还能够为学生提供有针对性的指导和帮助。同时，这种转化也是评价公正性、客观性的重要保障。通过将内在变化转化为外显行为，我们可以更加直观地看到学生的进步和不足，从而避免评价过程中的主观臆断和偏见。这种基于事实的评价方式，不仅能够提高评价的准确性和可信度，还能够增强学生的自我认知和自我评价能力。

（三）如何科学地设计素养评价量表

科学地设计受众易懂、操作实施简单的素养评价量表，不仅是教育评价体系中的核心要素，更是引导学生在社会实践中觉醒社会责任感、促进其全面发展的重要基石。

从教育评价的角度来看，一个设计精良、科学严谨的评价量表，是确

保评价公正、客观、有效的前提。它如同一把精准的尺子，能够全面、准确地衡量学生在品德发展、情感认同、素养提升等多个维度上的表现。这样的评价量表，不仅为教育者提供了清晰、具体的评价依据，也为学生的自我认知和自我提升提供了有力的支撑。

易懂、易操作实施的评价量表不仅能够降低评价过程中的认知门槛，使得教育者能够轻松上手，准确运用；还能够增强学生的参与感和主动性，让他们参与到评价过程中来。这样的评价量表，不仅能够提高评价的效率和准确性，还能够促进学生的自我反思和自我改进，激发他们的学习动力。

从社会发展的角度来看，科学地设计素养评价量表，对培养学生的社会责任感具有重要意义。通过明确、具体的评价标准，能够引导学生关注社会、关心他人，积极参与社会实践和公益活动。这样的评价方式，不仅能够增强学生的社会责任感和公民意识，还能够促进他们形成正确的价值观和人生观。

需要强调的是，科学地设计素养评价量表，还需要不断地进行探索和实践。随着教育理念的更新和技术的进步，需要不断地对评价量表进行修订和完善，以确保其始终符合教育实践的实际需求，更好地为学生的全面发展服务。

总之，科学地设计受众易懂、操作实施简单的素养评价量表，其重要性不仅体现在教育评价的公正性、客观性和有效性上，更体现在对学生全面发展的促进和对社会责任感的引导上。只有不断探索和实践更加科学、有效的评价方式和方法，才能为学生的成长和发展提供更好的支持和保障。

五、下一步计划

（一）目标

建立我校"雅行教育"文化引领下的家、校、生、社"四维一体"

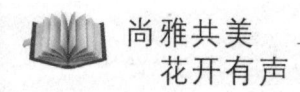

共美评价机制。依托中小学教师信息技术应用能力提升工程2.0项目实现全时空、多终端的即时评价与学生成长记录追踪。借助评价的杠杆力量唤醒学生潜能，引导学生自觉地在学科素养增值的同时，促进个性潜能发展，最终实现学生全面而个性的发展，提升学生核心素养和关键能力，提高教师职业幸福感，提高学校办学质量。

（二）思路

首先划定家、校、生、社"四维一体"共美评价新机制结构图，再寻求科学有效的方法，把学生成长的内在变化转化为可观可测的行为，并依托信息技术手段实现评价系统升级，实现终端全时空评价自由。

在评价实施过程中，我们需密切联系教师、学生、家长和社区工作人员，借助一定工具（如素养评价量表）帮助评价主体明确真实情境下复杂的实践活动中的学生核心素养的评价要素，借助前测后测等手段和教育干涉，促进学生核心素养提升。

（三）实施

1. 在学生个体社会属性潜能唤醒方面进行评价创新。

核心素养以培养"全面发展的人"为核心，分为文化基础、自主发展、社会参与三个方面，综合表现为人文底蕴、科学精神、学会学习、健康生活、责任担当、实践创新六大素养。我们此次对"雅行教育"共美评价升级，主要的变化就是增加对学生社会属性方面的认同潜能唤醒。构建家、校、生、社"四维一体"共美评价机制，不仅把学生社区实践活动的参与情况列入系统进行学生自评、家长评价和教师评价，还要把社区对学生的评价引入数字评价系统。家、校、生、社四方的评价反馈，有助于学生真实而全面地审视自己，唤醒学生对社会属性的认同，从而让劳动教育与社会实践真正发挥育人效果。

2. 在品德发展、情感认同、素养提升等学生内在变化的评价方式和手段上进行实践创新。

长期以来，教师、学生、家长易于接受的评价是外显而客观的行为，做了或者没做，成功或者失败。学生的品德发展、情感认同、素养提升等内在变化却困扰着很多人。在此方面，我们拟尝试用两种方式对其进行"测量"：一种方式是借助特定的活动，把学生的内在变化转变为外显行为，结合活动前制定的"量规"进行评价，再对评价结果进行深入分析；另一种方式则是对教师加强心理学和学生行为分析的相关培训，让教师的眼睛成为"一把理性的尺子"，以便在随机状态下观察学生常态下精微细小的外显行为，对学生行为背后的素养进行分析评价，做好诊断与引导。下一步结合数字化评价管理系统建立数字档案，为学生的成长"画像"。

3. 在评价实施的环节中，进行"沟通式量表"制定路径的创新。

过去的评价量表设计，大多是由学校或教师根据课程标准或专家建议，结合学习内容进行设计的，而作为评价对象的学生在被评价的过程中处于被动状态。随着社会实践类课程的深度开展以及学生核心素养关键能力的提高，旨在唤醒学生潜能发展、让每个生命都闪光的"雅行教育"共美评价需要摆脱评价量规制定"一言堂"的模式。我们初步构想以社区劳动和社会实践活动的评价项目实施为契机，不仅让社区、家长、学生、学校四方协同参与活动前的评价量表制定，也参与活动评价，在活动实施和评价的互动中共商共建共反思，逐渐形成一套科学成熟的"沟通式量表"制定路径，为孩子的成长更好、更全面地护航。

书香润童年，书韵溢人生，书礼塑"雅行"！尚雅共美网络评价系统，通过全方位、细节性的评价促使学生时时处处注意自己的一言一行，让学生在相互监督、家长监督、教师监督的情况下发生改变，培养全面而个性发展的人，最终达到雅行教育的目的。让"雅行"成就学生美好的人生！

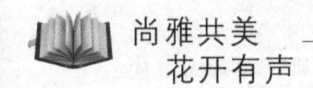

第四章 "雅行教育"保障机制研究

第一节 三级联动管理机制

学校管理系统是一个相互联系的、复杂的整体。如何使其内部诸要素、诸层次和诸子系统之间相互协调,形成一个优化的内部机制,推动学校管理系统由无序到有序、由简单到复杂、由低级到高级的发展,是很重要的。协同理论的运用,为优化学校管理机制找到了一条新思路。三级联动协同式管理是通过三级管理机构子系统和三个管理指导子系统,在学校管理的各个阶段,开展不同形式的协同,达成管理目的。而理念认同、三级联动、研训一体、考评一致等保障机制的建立,进一步提升了协同式管理的专业方向、机构效能、学术支撑和结果信度,从而更好地实现了管理理念的迭代升级,强化了管理活动的深度结合,营造了课题研究的良好氛围。

三级联动协同管理机制告诉我们,系统内部各要素之间的"合作"与"竞争"相结合,不断改变系统的结构。一方面,系统内部各要素都有其特定的"质",从而相互竞争;另一方面,在这些不同的"质"下掩盖着共同性,从而相互合作。正是系统内部各要素之间的合作与竞争,从而形成系统整体的"协同"性能,推动系统的运动变化和发展。运用协同学的这一理论,我们在学校管理中努力构建一种层层有职、有权、有责,相对独立,并统一在共同的目标之中的又相互合作的"条""块"结合的机制。

所谓"条",即校长对中层干部工作、中层干部对所分管的部属工作进行全面安排、落实、检查与考核,实行校长负责制。所谓"块",即以各职能部门和年级组为单位,承担教育教学和各项管理工作,实行岗位责任制。并且,以"目标管理制"把"条"和"块"融为一体。校长全面负责,统一指挥,具有在集体决策的基础上的最终决定权,负有精心设计工作步骤与节奏的任务。校长对下授权,但不越权。校内各级、各部门负责人对校长负责,根据岗位责任制,明确各自的职责范围,独立处理各自职权范围的事。同时,强化各部门、各年级组、教研组的目标管理,实施教职工聘任制、校内结构工资制,制定实施教职工考评办法、教职工奖励办法等,加强检查与考核。"块"的工作具有多样性、独立性,"条"的工作则具有单一性、指导性。"条"的工作对"块"的工作起到督导、检查、评价与考核的作用。两者统一在学校的办学指导思想与管理目标之中。各部门之间、各教职员工之间既分工竞争,又协调合作,有效地推动了学校管理系统的总体协同活动。

学校管理系统的协同机制是客观存在的,关键是要采取相应的措施,使其不断地优化。在校党支部领导下,坚持"抓党建,强岗建,带队建"的工作思路,探索出了"品牌引领,机制保障,活动促进"的成功做法,逐步建设完善行政和专业组织并行发展、部门整合、条块结合、和谐融通的扁平化、分布式、制衡型管理新机制,理顺了常规事项校务委员会决策、重大事项经专业咨询后教代会审议、专业发展评价项目学术委员会引领实施的"三级"管理机制,使学校教育管理规范高效。结合雅行特色学校创建,建设现代学校管理制度,已完成2.0版学校章程建设,梳理、规范、固化形成三本管理工作手册。在管理中,不断建设部门教育发展行动纲要,引领教师、家长、学生形成"尚雅共美"的雅行制度文化、组织文化、行为文化,指引着学校特色发展方向。2018年6月,我校"正雅先锋"党建品牌荣获"历城区教育系统十佳党建品牌"荣誉称号;2018年7

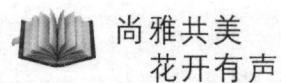

月,我校党支部荣获历城区"十大过硬支部"荣誉称号;2021年,我校党支部被评为历城区先进基层党组织,我校被评为济南市中小学"一校一品"党建品牌示范校。

一、创新学校管理机制

(一)基本目标

创新管理机制,建立行政和专业组织并行发展,部门整合、条块结合、和谐融通的扁平化、分布式、制衡型管理新机制,提升以人为本的人性化管理和以制度为基的刚性管理相结合的管理效能。

(二)主要措施

1. 完善分权治理结构,规范事务决策机制。

在规范教职工代表大会、校务委员会、支部委员会、学术委员会、家校共育委员会管理的基础上,增设专业咨询委员会。规范常规事务校务委员会直接决策,重大事项通过专业咨询委员会分析论证、校务委员会选定备选方案、教代会审议表决,不断完善决策机制。以民主决策的科学化提升管理效能。

2. 管理重心下移,规范部门整合、条块结合、和谐融通的新管理平台,建设扁平化、分布式、制衡型的管理新机制。

本着"合并中层部门,实现功能整合"的原则,横向结构层面重构整合为课程管理研究、学生发展研究、综合服务保障三个部门。重新职责定位,实现权力的分布式管理,促进工作策划的整体性和资源的聚集优化。

在部门重构的基础上,管理重心下移。实行支部干部包年级组和教研组块状管理,与各组成为一个团队,重新修订岗位职责,一方面要具体实施计划的制订与推进,进行专业引领和指导,另一方面全面关注分管领域教师的成长与发展,促进"成事又成人"。形成纵向(块)深化,横向

（条）融通的工作格局。实现扁平化管理与分布式管理。

在我校组织结构重组、职能调整中，部门职责进一步增强，管理重心进一步下移，分工负责与协作推进成为必然，学校的整体功能得以实现。每项工作的开展，又必须发挥校务委员会、学术委员会等组织的协助、制衡功能，以形成组织部门之间相互支持、内外联动、融合贯通的扁平化、分布式、制衡型管理网络机制。

3. 完善规范各项管理制度。

梳理、固化学校各项管理制度，完善激发教师积极性的绩效奖惩制度；以人为本，强化教师多元、多层、多向、多群的管理过程互动，内化发展动力，用"事业留人"，为雅行教师的发展铺路架桥。

二、架构完善保障措施

(一) 组织保障

1. 我校成立"雅行教育特色"创建工作领导小组，校长为第一责任人。

由课程管理研究部、学生发展研究部、综合服务保障部协同合作，动员全校师生人人参与，形成一个积极的创建氛围。充分听取教师意见，结合教师、学生的具体情况，研究并制订切实可行的实施方案。由教导处、德育处、总务处、少先大队部等分别负责对五大重点推进项目进行设计、组织和实施。

2. 具体分工。

由陈亢、李山负责完善雅行教育理念引领下的课程体系。

由王丛丛、李琳琳负责创建"践行六雅　立德树人"德育品牌。

由田燕、吴芳芳负责建设儒雅的高素质的教师队伍。

由彭滨、赵建宝负责创新学校管理机制。

由张政、田仓路负责创建雅行教育特色学校文化。

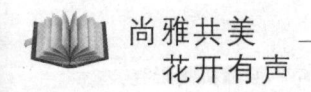

（二）制度保障

1. 建立健全学习培训制度。

2. 建立检查指导机制。建立特色项目检查制度，定期和不定期地对特色项目开展情况进行检查指导，不断完善和丰富活动内容，使特色项目活动有条不紊地开展。

3. 建立考评机制。制订特色项目建设考评方案，对参与特色项目活动的教师，进行过程性和终结性考评，并把考评结果和评先评优、职务晋升挂钩。

（三）后勤保障

我校为创建工作提供必要的研究经费。特别是增加硬件投入，配备相关教育教学设施，用于课程资源开发、校园文化建设、网络平台建设等。

第二节 教育数字化赋能

一、教育数字化背景

我国教育数字化已经进入纵深发展期，呈现全方位协同改革、全要素质量提升、全程化强力驱动、全员化深度参与等新特点。"数据充分赋能"是2023年全国教育工作会议对于推进教育数字化战略行动的最新要求，是教育数字化战略纵深发展的关键所在。数据在教育数字化转型中承担着"加速器""润滑剂""仪表盘"的重要作用。数据充分赋能强调数据在驱动教育数字化转型中的全流程赋能、全要素赋能、全场景赋能、全业务赋能，实现对教育组织形式、教学形式、服务形式及治理形式的模式和流程再造。就内在逻辑而言，数据充分赋能是基于数据环路充分激发数据活力与价值，实现对个体、学校、教育企业、科研机构的价值层赋能、行动层赋能以及绩效层赋能，形成"知道—行动—评估"的数据赋能链条。就实践路向而言，为推进数据充分赋能教育数字化转型的纵深发展，可以从如下五个方面入手：建设全国一体化教育大数据中心，优化数据驱动的教育治理新模式，统筹推进教育数据应用绩效评估，加快建立教育数据要素交易机制，着力推进教育数据应用示范工程。

我国于2022年初全面启动国家教育数字化战略行动，以数字化带动教育转型升级，支撑引领教育现代化，实现教育高质量发展。经过一年多的努力，我国已经建成世界上第一大教育教学资源库，实现了国家智慧教育平台应用试点工作全覆盖，形成了一批标志性研究成果，为加快建设高质量教育体系提供了重要支撑。

教育信息化作为国家信息化战略的重要组成部分，正在进入数字化转型的新时期，以教育数字化战略重塑教育强国的呼声日渐高涨。从各地基础教育改革发展的实践来看，数字化赋能基础教育课程教学仍存在一定的现实困境。如何有效推进数字化赋能基础教育课堂是当前亟须解决的核心议题。教育部于2023年5月发布的《基础教育课程教学改革深化行动方案》（以下简称《方案》）提出开展"专业支撑与数字赋能行动"，以进一步推进数字化赋能教学质量提升，为各区域、学校开展数字化转型提供了方向指引。结合我校在数字化赋能基础教育课堂教学面临的一些现实困境，提出了数字化赋能基础教育课堂教学的优化策略，以实现高质量的课堂教学。

面对新形势，我校结合实际，在数字化赋能教育的道路主要探索了两个路径：一是学生层面，另一个则是教师层面。

在学生层面，在关注学生"身心健康、学习能力、品德修养"底线教育，实现全面发展的基础上，应该开发拓展性、探究性课程，提供让学生个体根据各自的潜质和兴趣各雅其雅的教育平台，促进学生个性发展。2013年，我校开启"雅行"教育，凝练"尚雅共美"的办学理念，以培

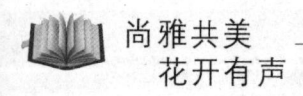

养"读雅书、生雅趣、促雅思、讲雅言、行雅仪、做雅事"的"六雅"学子为育人目标，强化文化育人、课程育人、活动育人、管理育人、实践育人、协同育人成效，整体构建人本化、生活化、实践化、科学化的德育工作体系，将立德树人真正落到实处。依托教育数字化优势，将学生的德育教育工作和数字化平台相结合，让学生的成长体现在过程性评价中，成长数据化，进步可视化。

在教师层面，教育数字化战略行动建立了教育教学资源库，催生了翻转课堂、精品课程等一系列优质数字教育资源，生成了一系列政府类和企业类教学资源平台，为技术支持下的基础教育课堂教学提供了丰富的资源和平台保障。数字教育资源共建共享是发展数字教育的基础工程和关键环节。如何依托这些平台形成自己的学校特色、为教师赋能成为我们探索的重要议题。

二、数字化赋能基础教育课堂教学的突破策略

（一）利用数字化拓展课堂教学时空维度

要充分构建融知识传授、能力提升和价值塑造于一体的新一代数字化课堂教学环境，就要帮助师生摆脱纸质教材、电子课件的束缚，推动基础教育课堂教学和数字化深度融合，增强学习方式的灵活性和多样性，提高教师教学质量和学生学习效果。首先，要构建开放共享的教学场景，以支持更高层次的跨时空教学、能力实训、人机协作等。其次，中小学教师需基于因材施教原则，为有特殊学习需求的学生组建学友圈，鼓励学生自主成立网络合作探究学习小组，并根据组别提出专属任务及要求，让学生在真实任务实践、虚实空间融合、多种工具应用、开放网络协同的新型学习情境体验中，走向深度学习、个性化学习。最后，借助科技馆等智能化的学习场景，联系生活实际对知识进行深层次挖掘，促进知识应用和实践创新。

(二) 保障优质的基础教育数字化教育资源

教育数字化转型背景下的课堂教学强调课程与生活关联，强调在知识逻辑的基础上，综合设计学习内容和立体化的课程结构，重构课程内容。因此，在基础教育课堂教学资源保障方面，要增强内容与育人目标相联系，优化内容组织形式。首先，在基础教育课堂教学资源共享上，依托平台、大数据等数字技术，引进省、市、区内外专家资源，整合中小学学校名师骨干资源，集中微视频、作业习题等优质资源，构建教研资源库，实现教研过程及成果线上保存展示，推进资源便捷共享。其次，在基础教育课堂教学资源质量保障上，教育资源的研发与应用需要学校、教师、家长等多元主体协同发力，根据课程谱系、单元主题、知识节点开发系列数字化课程资源，从资源的目标定位、应用场景、核心功能、资源质量、服务策略、安全保障、伦理规约等方面构建资源供给体系，以满足学生的身心特点和学习需求。最后，在基础教育课堂教学资源应用上，教师积极引导学生利用开放教育资源、数字图书馆、数据库等进行学习，借助学习资源的多媒体、超文本、友好交互、虚拟仿真、远程共享等特性，满足学生个性化、多层次的学习需求，培养学生的创造精神和创造能力。

(三) 提高中小学师生信息技术应用能力

教育数字化转型基于现实的多维需求，赋能教学资源、理念和形式实现全方位、深层次的转变，拓宽教育教学的广度，发掘教育教学的深度，从单一、片面和传统的教与学转变为更加个性化、全面化和现代化的教与学，进而加快教育教学创新。首先，教师自身要明确作为指导者、引导者的角色定位，积极利用数字技术探索个性化的课堂教学模式，这要求教师要具备良好的信息技术应用能力，能够将大数据、AI 助教等技术充分融入课程与教学过程，并根据实际教学情况采用灵活多样的教学方式进行教学，实现对学习者全过程精准分析，对教学结果精准预判，对教学过程精准调控。同时，教师还要重视培养学生数字化学习过程中所需的自我管理能力。其次，学生自身不仅要学会使用数字化技术辅助学习，如运用技术管理自己的学习数据、运用信息技术获取自身所需的教学资源，还要不断提升自身的数字化技术应用能力，主动适应丰富的数字化教育场景，推动线上线下学习方式的深度融合，并批判性地选择、获取、管理、传递、评价信息，规范自身行为。

结合信息技术2.0工程的搭建，以及国家教育云平台等公共资源平台进行的现代信息技术的培训，教师的数字化运用技术能力提升，并能够根据教学目标的确立选择恰当的信息技术手段进行呈现。

（四）构建数字化赋能学生个性化学习评价体系

在数字化时代，完善的学习评价体系能够提升教育教学的效果和质量，培养学生的创新精神和终身学习能力，是数字化赋能基础教育课堂教学的重要组成部分。只有充分利用数字化技术，合理运用个性化教学和学习评价的方法，才能够真正实现基础教育的数字化赋能，推动教育的全面发展。

首先，制定教学内容和方式，满足个性化学习需求。可以通过移动智慧教育平台和人工智能采集并分析的学习数据，助力教师更准确地了解学生的学习状况和能力，设计适合学生个性化发展的学科教学方案，开发个性化学习的电子教学资源。其次，构建个性化、科学化的数字评价体系。教师可通过收集学生的起点数据、学习过程行为数据和小组合作学习数据，了解学生的学习特征，记录学生的学习轨迹，以数据分析结果作为依据和指标，选用适合不同学生的教学策略，促进学生的个性化发展。最后，充分应用数字化赋能的学习评价系统。如合理利用ChatGPT有效提升教师的工作效率，填补教师在时间和精力有限的情况下难以涵盖的领域，扩展教学时空范围，并帮助学生增加学习中做出自主选择和自主学习的机会，助力教师教学评价和学生自我评价方式与体系的完善。

（五）优化基础教育教师发展支持服务体系

习近平总书记强调："要把加强教师队伍建设作为建设教育强国最重要的基础工作来抓。"因此，优化教师发展支持服务体系可从完善数字化平台建设，建立健全教学、管理、评价、研修体系，建设新型高质量教师队伍等方面提升中小学教师数字素养。第一，完善数字化平台建设。教育部门要从数字化意识、数字技术知识与技能、数字化应用、数字社会责任以及专业发展五个维度对教师提出适应未来教育的新标准。各地区教育行政部门还要围绕教师数字素养标准，结合当地教师教学水平，加快建设一体化的数字化教学平台，同时借助数字技术，开发面向中小学教师团队的系统性培训课程。第二，各中小学建立健全教学、管理、评价、研修体系。完善数字化基础设施建设，应结合已有数字化教学环境，构建较为完善的数字化教学体系，鼓励教师积极应用网络平台和数字技术开展数字化教学、教研活动。第三，建设新型高质量教师队伍。全面总结"基于教学改革、融合信息技术的新型教与学模式"实验校经验，以教师数字素养标准的各维度为指标，征集一线教师数字素养提升的典型案例，将优秀教师进行数字化应用的经验和方法推广，助力新型高质量中小学教师师资队伍的建设。国家教育数字化政策的出台引领基础教育课堂教学数字化，数智化时代的教育公平需求推动基础教育课堂教学数字化，新一代智能技术的快速发展促进基础教育课堂教学数字化。

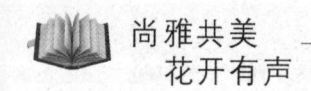

第三节 校家社协同共育

一、校家社协同共育模式的缘起

洪家楼第三小学立足于实践,在实行"全员育人导师制"的基础上,从理论和实践层面上对家校合作育人进行了深入的研究和探索,全面推进家长委员会建设,构建了学校与家庭、社会"三位一体"的家校合作育人新机制(一是创新家校合作育人的参与机制;二是完善家校合作育人的课程开发机制;三是强化家校合作育人的沟通协作机制;四是构建家校合作育人的保障机制),形成了全员育人、全过程育人、全方位育人的新格局。这些具有本地鲜明特色又有推广价值的运行机制,具有很强的针对性、操作性和推广价值。

(一)适应社会发展的需要

实践证明,新形势下"关起门来办教育"的理念已不能适应社会发展的需要。学校必须要转变观念,勇敢敞开校门,接受来自社会各方面的监督,获得各方面的支持。一方面,教育要接受来自家长和社会的监督,虚心听取各方面的声音,办好人民满意的教育。这就要求学校要定期邀请家长和社会各界走进校园,议教评教,以促进规范办学,不断改进工作。另一方面,学校要有"借力发展"的意识,广泛挖掘、利用好各方面的教育资源。学生家长来自各行各业,家长中蕴含着丰富的教育资源,特别是智力资源。如果学校能调动家长的积极性,让家长树立主人翁意识,参与到教育教学工作、学生管理和学校规划中来,就能形成强大的教育合力。

(二)新课程变革的呼唤

中小学家校合作是当今教育改革的重要组成部分,也是教育改革的重要研究课题。随着全面素质教育的推进，单靠学校教育教学改革是不够的。要实现培养高素质人才的目标，必须构建一个教师、家长共同参与，学校、家庭、社会共同发挥作用的新体系。家校合作教育有利于做到优势互补。家校合作教育改革就这样应运而生。随着课程改革的不断深入，教育也更强调多元化、民主化的发展，家长的合作意识也不断加强，这为家校合作的开展提供了可能性。

《中共中央 国务院关于进一步加强和改进未成年人思想道德建设的若干意见》指出："要建立健全学校、家庭、社会三结合的未成年人思想道德教育体系，学校教育、家庭教育和社会教育相互配合、相互促进。"实践证明，学校教育、家庭教育、社会教育三者是乘法的关系，一方为零，满盘皆输。因此，加强和改进未成年人思想道德建设，家庭教育是基础，学校教育是保障，社区教育是平台。只有家校和谐联动，夯实家庭教育这项基础工程，形成"三结合"教育网络，构建起未成年人思想道德建设的保障机制，才能实现德育目标。

《山东省中长期教育改革和发展规划纲要（2010—2020年）》提出："完善德育工作机制，构建大中小学有效衔接，学校教育、家庭教育和社会教育紧密结合的德育体系。加强德育课程建设，构建具有山东特色的德育课程体系。全面实施全员育人导师制、班教导会制度和教书育人'一岗双责'考核制度。"

正是在上述方针的指导下，我们抓住课题实验研究的契机，围绕如何建立健全全员育人理念下家校合作机制的研究，进行了一些有益的尝试和探索。

（三）学生健康成长的需要

对于在孩子成长过程中家庭教育和学校教育的关系，苏霍姆林斯基是这样论述的："儿童只有在这样的条件下才能实现和谐的、全面的发展，就是两个'教育者'——学校和家庭，不仅要一致地行动，要向儿童提出

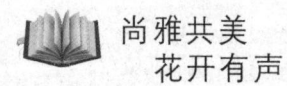

同样的要求，而且要志同道合，抱着一致的信念。"学校与家庭是两个影响孩子健康成长及发展十分重要的动力系统。只有这两个动力系统同时启动，协同工作，才能把孩子们教育好。

（四）家校合作是客观现实的需要

近年来，随着素质教育的逐步深入，家校合作育人工作引起了多方的重视。为此，从国家到地方，都出台了一系列措施，促进家校合育工作，也建立了一些工作机制。随着时代的发展，社会对教育和培养人才的质量提出了越来越高的要求。教育是一个系统化的工程，受到学校、家庭、社会各方面的影响。特别是随着信息化、数字化时代的到来，网络、媒体对教育效果的影响不容忽视。在这种情况下，学校和家庭、社会必须密切合作，才能做好育人工作。

我们进行校本研究，就是要探索并建立起一套有效促进家校合作育人的工作机制，以提升人才培养质量。

二、"雅行教育"理念下的家校合作工作机制

（一）创新家校合作的参与机制

1. 拓展参与的广度。

实践证明，越多的家长及教师参与家校合作，意味着加入更多的教育智慧。因此，通过实现家校合作多元化来拓展参与的广度，关注多样化的参与内容，提高参与的高度，使广大的"潜在参与者"真正成为"现实参与者"。

（1）实现全员参与。

"全员育人理念下的家校合作"中的"全员"是指我们的家庭、学校、社会都是学生全面发展的参与者。

首先在学校内部必须达成立德树人、全员育人的共识。全体教师必须

树立全员育人的理念。全员育人的原则是共同发"力"。学校"全员"是指学校全体教职工，包括领导干部、教师和职工。学生接受教育的空间、渠道和养分，来自学校每个岗位、每一名教职工。只有当全体教师、辅导员、行政人员乃至教辅人员、后勤服务人员等教育主体，发挥教书育人、管理育人、服务育人、环境育人的功能，达到全员力量的整合，才能最终实现学校"全员育人"这一价值诉求。

全体教职工都签订了"一岗双责"责任书。我校实行全员育人导师制和班教导会制度。每学年每位教师重点指导 4 名学生。在班主任的组织下，导师和学生及家长面对面签订了受导协议。全体教职工树立结果思维模式，改变被动的完成岗位工作的任务思维模式，关注和服务学生的德、智、体、美、劳全面发展，在自己的岗位职责内为学生提供成长与发展所需的养分和土壤。只有每个人都在自己的岗位上恰当、自觉、有效地做着服务于学生的工作，才能凝聚成一股持久的、强大的育人合力，学校的办学水平、育人质量才能自然得到提升。

家庭教育和学校教育不是从属与服从的关系，两者目标一致，平等合作。因此，教师和家长应认清自身的角色，明确家庭教育与学校教育的功能界限。

家长应充分认识到家长参与教育对子女全面发展的重要性，克服工作、心理、社会地位等阻碍因素，积极参与到学校教育中来，从原来的教育旁观者转变为支持者、学习者甚至是决策者。

教师则应以欢迎的态度主动邀请家长参与学校课堂和教学管理，要重点关注参与不足的家庭，帮助其树立自信。同时，学校搭建多种平台增加家长参与的机会，从原来的绝对权威者转变为教育引导者，实现目标一致、全员参与、思想统一。

（2）丰富参与内容。

家校合作参与应打破传统片面关注学生智育的单一状态，而更多地关注学生德、智、体、美、劳的全面发展，关注学生核心素养的全面提高。

学校可根据潜在的问题制定个性化合作内容，改变家长传统思想，让合作内容围绕学生的心理健康、身体健康、思想品德等全方面合作，不断更新补充合作内容。

综合分析我校家长群体，根据家长特长和能力可分为四大类型：讲员类，进课堂教学，举办专题讲座等；参与管理类，参与学生上学放学的交通管理、春秋游活动、学校大型活动；提供专业服务类，如摄影师、专业评委、法律顾问、培训讲师等；提供或协助联系学生实践活动场所，如公益活动、参观、考察、劳动、实践等。我们学校充分挖掘家长的潜力和各自的优势，就产生了多渠道、多方位、和谐整体的育人效应。

（3）创新参与形式。

围绕着如何培养"读雅书、生雅趣、促雅思、讲雅言、行雅仪、做雅事"的六雅学子的培养目标，家校双方对学生的品德、习惯、兴趣、认知、人际交往、责任感上的具体表现进行深度分析，了解学生的个性，发挥家庭和学校的教育特长，契合家庭和学校双方教育目标。教师和家长从教育观念、教育规律、教育方法上交流对话。家校合作参与广度需要在时间与空间上体现。

除了家长会、家访、家长开放日等形式的家校参与外，学校通过多种专题活动日的形式邀请家长走进课堂，比如开学典礼参加颁奖仪式、读书节担任评委等，让家长在实践中体味教育的意义，在游戏活动中与学生一起成长。学校创新公众参与方式，通过网络平台等新媒体，进行线上线下多元结合，拓宽了公众参与的广度。

2. 挖掘参与的深度。

积极参与是情感层面上乐于、愿意参与，是一种热爱和认同，属于感性层面。要挖掘家校参与的深度，就应从情感上的积极参与走向认识上的有效参与。

有效参与作为认识层面上的正确观念和科学方法的体现，追求一种能力的获得和产生预期的影响效果，属于理性层面。

当今家庭教育和学校教育之间不再是顺序模式，而是重叠模式。加强两者有机结合是家校合作有效参与的基本原则。明确界定两者的法律边界，合理衔接，既不孤立脱离，又不互相僭越，且能很好地协作，是有效参与的基本诉求。在具体的教育实践中，家庭教育更多注重德育培养与习惯养成，学校教育专注于知识的传授和内化，双方自觉承担起各自的责任和使命。不能以家校合作的名义而使家长沦为教师的执行监督助手，家长也不能对学校教育进行过度干预。

为了让他们深入了解学校，深层参与，要做到"三个知情"。一是学期初学校要向家长汇报学校的工作计划，让家长了解学校的办学理念，向每个家长发放《学生成长计划书》，倾听家长的意见和建议。二是实行开放办学，通过各种途径和形式请家长参与学校工作的全程管理和监督。学校通过校务公开、校长电话公开、学校开放日、教师课堂开放等多种途径和方式向家长开放，接受家长全员全程监督。让家长参与学生的学习和生活体验。请家长参与学生管理与评价、参加学校重大节日节庆活动、参观校内场所等。三是学期末学校要对工作进行全面总结，向家长共育委员会汇报学期工作计划的执行情况及完成情况。

我校通过宣传、培训、鼓励等多种方式激发家校双方参与合作的内驱力，挖掘参与的深度，让双方产生共同提高、共同成长的意愿，也让双方认识到用科学的教育方法，清晰界定家庭教育和学校教育的功能边界，以保证参与的科学性、有效性和适度性。如让家长深度参与课程建设。他们既是课程的参与者，也是课程的建设者。

3. 提升参与的高度。

我校多次召开专家咨询会，邀请国内知名专家，对学生家长就参与合作的内容、方法、技能技巧开展培训，有效提升家校参与效果。

历城区"一体化"建设聘请的专家们是我们的专家顾问团。我校还定期有针对性地开展家庭教育类讲座。我校还针对教师开展与家长沟通的技巧的讲座，开展情境教研活动，提高教师与家长沟通的效能。

我校以培养"六雅"学子为核心,不仅拓宽家校合作的面,加深家校联系的点,还逐步提升家校合作的高度,逐步实现"目标统一,家校共育"特色。

(二)完善家校合作课程开发机制

俗话说:"基础不牢,地动山摇。"要开发家庭教育资源,把家长变为巨大的教育力量,广泛而深入地组织教师和家长培训学习是基础和前提。我们构建了以学校教育为主体、以家庭教育为基础、以社会教育为依托的合作育人体系,使校内和校外教育协调一致,形成家校合力,促进学生健康成长。

1. 家长课程。

为了快速普及并提高广大家长的家教素养,我们从课程建设的四个维度——课程目标、课程内容、课程实施和课程评价出发,系统地架构校本化家长课程,使"家长教育"从零星化走向体系化、课程化。

家长课程在目标上聚焦"家长发展",确立"四会"目标,即"会关心、会榜样、会沟通、会共建"。在课程内容上针对"众口难调"的难题,从家庭教育和家校合作两个层面分层分类开发,满足不同家长的教育"口味"。在课程实施上,除了保留一定的集中培训这一传统方式,积极探索"一校一策""一班一策""一家一策",运用"互联网+"的思维和工具,运用远程教育平台,线上线下相结合,形成了案例讨论式、观点碰撞式、自主学习式、微信互动式、亲子互动体验式等多种形式,为家长、学生提供了多元化家教服务教育资源。通过有效的工作机制,建立全方位的家庭教育服务与指导网络,改进学校的教育生态,提升了家庭教育工作科学化水平。

我们的家长课程分普及式课程、分类分层培训课程和自助式课程。普及式课程指家长会、安全教育平台和禁毒教育平台向家长推出的必修课程、家长学堂与读书学习会。分类分层课程是根据学生家庭或学生的不同特点，聘请资深教育专家和有经验的心理咨询师，运用科学理念，请家长来谈认识，分析孩子的现状和潜力未得到充分发挥的主客观原因，制定双方配合的策略，从而取得理想的效果。

有的是按年级分类，如下表所示：

年级	一年级	二年级	三年级	四年级	五年级	六年级
内容	幼小衔接	家庭实验室	亲子阅读	亲子沟通	青春期教育	小初衔接

每年新生入学之初，开设新生家长课程班，邀请家庭教育专家帮助家长明确怎样帮孩子养成良好的学习习惯，尽快适应小学生活。对毕业班家长则开设小学毕业课程，邀请实验初中校长或教导主任来做小初衔接讲座，让家长和孩子一起参加，以便顺利过渡到初中学习生活。

为了方便家长学习交流，我们开通了山东省教育科学研究院和山东爱书人集团研发的"家长空间"，根据学生的发展特点、家长关注的焦点，每周推出一期家长主题课程，罗列出为培养学生七大基本素养（探索与专注、依恋与共情、表达与沟通、独立与责任、思维与创造、规则与安全、分享与合作）而设计的一系列菜单式培训内容，供家长自行选择学习。例如，11月1日推出的课程表如下：

年级	一年级	二年级	三年级	四年级	五年级	六年级
内容	在家乖巧懂事的孩子为何在学校状况频出？	您以为蜜罐真的是孩子想要的吗？	闭嘴背后的情感伤害	让孩子摆脱"自私鬼"。	家长应如何赏识、鼓励孩子？	教育孩子尊重他人的劳动成果。

按梯次分类有序推进，家长可以随时浏览，也可以在线互动，有效克服了家长学校面对面培训的时空局限，深得家长青睐。

2. 以学生全面发展为核心的家校合作课程。

（1）家校合作"节日庆典"德育课程。

我校建构了"以隆重的庆典仪式为线索，以丰富的节日活动为载体，

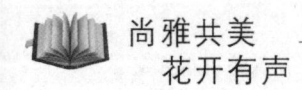

以德育的育人任务为内容，以家校合作共育为手段"的德育综合课程，通过课程建设引领学生成长，促进德育创新，丰富学校文化。

"礼"是中国传统社会行为规范、典章制度和礼节仪式的总和。我校的校训是"知书达礼，雅行天下"。常规的德育工作注重管理和说教，学生对德育的理解更多的是服从与敬畏。朱永新教授说："仪式、节日和庆典是学校文化传统的活标本，也是学生生命中最值得关注的重要时刻。它使有意义的事情或者伟大的事物能够拥有一种伟大的时刻，获得神圣与庄严。"在节庆仪式体验中，教师、学生与家长被联结在一个共同体中，感受仪式对人的规范并凝聚成一股向上的力量。德育的育人目标可以在神圣与庄严的节庆仪式中被强化和确认。

在"节日庆典"课程实施过程中，学生在承担历史文化传承责任的同时，差异性得到了尊重，无形中也深化了校园文化的内涵。

课程目标：

①通过"节日庆典"课程把对学生的生活和学习上的要求纳入课程实施。在庆典庄严隆重的氛围中，学生成为仪式中的一员，在潜移默化中规范自己的行为，提升人文素养。

②用节日串联德育常态管理。通过"节日庆典"课程把丰富多彩的德育活动联系起来，赋予学校日常德育管理和活动特殊的意义，形成以节庆为主线的育人框架与体系。

③用"节日庆典"搭建家校共育平台。通过"节日庆典"课程，家长在举家团圆、和谐共庆的节日氛围中见证孩子成长的重要时刻，成为学校德育课程的建设者与参与者。

④用课程弘扬雅行文化。通过"节日庆典"课程，学生在活动中感受学校的办学理念，在践行学校雅行文化的同时又赋予学校雅行文化新的内涵。

课程内容：

在确立教育主题的基础上，各年级组以纵向的节日庆典课程为课程主线，横向串联相关的节日课程。

①庆典课程。学生的成长需要仪式感。在庆典庄严隆重的氛围中，学生可以主动约束自己的行为，使自己成为仪式中的一员。依据庆典课程的主题，学校每年为学生举办一次仪式感隆重的典礼。家长必须参与学生的庆典课程。庆典课程不仅是一次典礼的举办，还包含一系列与之配套的主题教育与仪式。全校同学都参加春秋季的开学典礼，一年级有入学典礼，五年级有 10 岁成长礼，六年级有毕业典礼。

②节日课程包括传统节日课程、现代节日课程、学校节日课程。"传统节日是中华民族传统文化展示与传承的文化空间，它承载着中华民族的精神信仰、情感态度、人伦道德、审美情趣、消费指向，凝聚着中华民族的文化血脉和思想精华，是中华民族世界观、人生观、价值观、道德观、审美观选择偏好的综合表达。"在学校设定的传统节日课程中，包含传统节日礼仪的探究、传统习俗的传承、亲子活动的设计等。现代节日课程包括国际妇女节、学雷锋日、劳动节、儿童节、教师节、国庆节、少先队建队日、母亲节、父亲节、感恩节、植树节、世界水日、全国消防安全日、全国爱耳日、全国爱眼日、全国爱牙日、国际禁毒日、全国安全教育日等。学校节日课程包括读书节、创客节、体育节和艺术节等。我校每年都会开展丰富多彩的德育活动，以节日的形式开展活动，可以增强活动的趣味性，提高学生参与的积极性。我校节日主要安排学校特色活动，把活动内容节日化、系列化，同时把"六雅"教育分别植入相应的节日板块，让学生在特定的氛围中践行雅行。

（2）实施效果。

学生对礼仪的认识得到强化。学生在各种节庆活动中学习礼仪，体验习俗，对各种场合的礼仪有了初步的认识。使传统习俗得以传承。

学校与家庭教育的合力逐步形成。更多的家长主动参与学校的日常管理，使得家长对学校的认同度增加，亲子关系也有所改善。

德育管理体系初步建立。课程实施以来，各班德育计划更加清晰，德

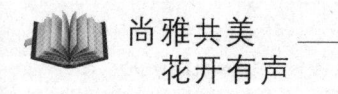

育处、班主任按照规划定期开展主题教育。德育课程的体系初步建立。

学校的内涵得到提升。通过课程实施，学生对学校的办学理念、校园文化、日常规范等有了更深的理解。主动践行学校雅行教育理念的学生越来越多。校园文化的内涵在校本课程实施过程中得到提升。

3. 生本理念下小学班本特色课程。

生本理念下小学班本特色课程是以班级为平台，充分利用班级资源，以满足本班学生健康成长和个性发展的需求为宗旨，由班级教师、学生、家长共同开发的课程。

（1）开发了基于"六雅"学子培养的普惠性班本特色课程体系。

在雅行教育理念下，我校以培养"读雅书、生雅趣、促雅思、讲雅言、行雅仪、做雅事"的"六雅"学子为育人目标，落实身心健康、学会担当、人文情怀、善学雅思、审美雅趣五大素养目标，开发了健康体育、社会体验、语言文学、科学探究、艺术修养、综合实践六大类型班本课程体系。

（2）形成了多元主体参与、自下而上、可持续的班本课程开发机制。

为了保证课程开发与实施的质量，实现学生多元化发展的目标，班本特色课程管理小组严格按照程序操作：发动征集—制订修改—实施监控—评价筛选—反馈改进。很多环节都有学生、家长代表的参与。课程内容的选定充分考虑了学生的内在需求，保证了实施阶段的效果，目标直指多元化发展。

我校摸索出了以教师为主导，以学生为主体，以家长、社会、专业机构为补充的开发模式。

厨师、美容师、消防员、书法家等纷纷走进课堂，成为讲师，为班本特色课程建言献策，并参与班级特色活动。家校合作，共创特色。

我校自下而上探索出一套班级特色创建流程：

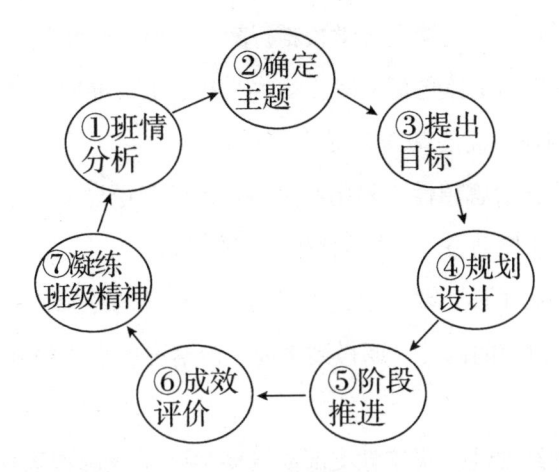

①班情分析 → ②确定主题 → ③提出目标 → ④规划设计 → ⑤阶段推进 → ⑥成效评价 → ⑦凝练班级精神 → ①班情分析

因为实施效果显著,"生本理念下的班本特色课程的实践"于2019年10月被评为济南市优秀教学品牌成果。

4. 校本课程"快乐星期五"中的定制课程。

我们借助社会教育资源,让专业机构、专业老师"走进来",让更多的有发展潜质的学生参与到"快乐星期五"中管乐、游泳、垒球、攀岩等16门定制课程的学习中。

实践中,以家校合作为平台形成了很多不同爱好、不同特长的家校小团体,以此带动学生参加社会活动,多了解社会,培养学生社会实践能力。众多家长主动承担起运动会训练,联欢会节目的排练、化妆,在班本特色课程评价中担任评委等任务。而校级家委会成员参与学生校服色彩、款式、面料的选定工作,保险公司的招标等,较好地发挥了家长在学校和班级管理中的作用。

我校还通过家长朋友邀请社会团体走进校园,为学生和家长服务。如创客节上,辅导机构提供了无人机表演、机器人表演,从而培养学生爱科学、学科学的兴趣。

(三)强化家校合作的沟通协商机制

沟通协商手段可以有效解决学校、家庭、学生、教师与相关制度、政策、安排之间的矛盾问题,使家校合作关系更融洽、和谐,对学生的全面而个性发展更有利，更能提升学校雅行教育特色办学质量。

沟通协商机制主体包括家庭、学生、教职工、社区、学校。

1. 遵循沟通协商的基本原则。

（1）坚持政治思想性。要始终坚持正确的舆论导向，了解教职工、家长、学生等的思想动态，把握他们的思想脉搏。

（2）坚持民主性。要秉承公平、公正、公开的原则，对学生、家长或社区提交沟通协商的内容，要做到事前了解情况，事中畅所欲言，事后及时反馈。

（3）坚持经常性。我校党支部委员要加强年级的沟通协商机制建设，谈心谈话常态化运行。

2. 拓宽沟通协商的渠道。

（1）创新传统家校沟通的渠道。

我们不仅举办传统的家长会、家访、家长开放日、家长讲堂等活动，还赋予班级权利，可以创新这些渠道的活动形式。有"头脑风暴"交流会，以主题讨论形式，沟通解决孩子的问题；有成长展示会，将学生成长中的快乐与烦恼说给家长听，让家长更全面地了解自己的孩子；有才艺展示会，以展示孩子、家长的特长为主要内容；有经验交流会，请教子有方的家长做经验交流；有亲子交流会，为亲子间交流感情、增进理解创设条件。

（2）运用信息时代家校沟通的新渠道，构建立体沟通模式。

信息技术的发展，丰富了家校合作沟通协调的渠道。在学校网站、微信公众平台上广泛宣传，并设立意见栏，为家长更好地了解教育、评教、议教搭建平台。各班级开办QQ群、微信群，由家委会主任、教师共同担任群主，定期推送教子经验材料，定期发起家教研讨话题。教师与家长、家长与家长实时进行线上互动交流。如：家长与老师之间可以互发微信，增进了解；也可以在微信上展示孩子在学校、家里出彩的一面，给孩子点赞。家长之间、家长与老师之间通过微信群和QQ群共同探讨，解决孩子身上存在的问题，为教师、学生、家长拓宽了交流沟通的空间。注意将线上交流互动与线下各种活动有机结合，互相促进，提高育人效果。

3. 明确沟通协商工作的机构和职责。

家校共育委员会是沟通协商机制工作的总负责，要领导和指导家委会和教师按照沟通协商机制工作的要求做好相关工作，要及时收集来自级部和班级的家长和学生的意见与建议，整理他们的想法和意向，将反映的问题进行梳理，并向校领导进行信息反馈。家校共育委员会要重视教师、家长和学生提出的问题，及时准备沟通意见，加强交流。

我校以家校共育委员会为统领，以"家长学校"为载体，以"家长课堂"为抓手，以"家长空间"为补充，畅通渠道，重点抓好三级家委会调研、决策、管理、监督的职能作用。

调研：要做实做细，研判分析家长提出的建议或意见，认真梳理共性清单和个性清单，及时召开年级家委会座谈会，进行精准反馈。

决策：定期召开家校共育委员会会议，及时向家校共育委员会成员汇报学校发展的规划、课程体系、教育理念等，凝聚共识，共谋学校雅行教育的发展。

管理：充分发挥家委会的智慧和力量，积极参与学校的管理。

监督：家委会对学校的教育教学管理的监督是主动的、公开的，参与监督的流程是规范的。如：学校家委会发动全体师生为一位身患重大疾病的学生进行"爱心捐助"活动。面对大家捐助的 16 万元，学校家委会及时制订一套爱心捐款的流程，并及时通过"六届三次家校共育委员会会议"对爱心款的实施情况进行反馈，确保大家的知情权。

（四）构建家校合作保障机制

在推进家长参与学校管理与评价工作上，我们力求全员性、坚持自愿性、发挥特长性、激励义工性，围绕学校保证家长对学校工作的知情权、评议权、参与权和监督权，建章立制，保障落实。

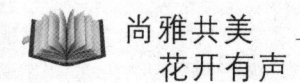

1. 组织保障。

用家长自我推荐和投票、班主任推荐相结合的办法产生班级和年级家委会成员及家校共育委员会。制定《家校合作共育委员会章程》《家长委员会权利与职责》等一系列规章制度。强化制度建设，建立长效机制。形成了家校合作共育委员会、年级家长委员会、班级家长委员会三级工作体系。

年级家长委员会由各年级的学校党支部成员、中层干部和各班级家委会主任组成。班级家长委员会成员有5~7名，设主任委员1名、副主任委员1名，还设调解员、宣传员、活动组织委员和劳动委员等。

家校合作共育委员会成员不仅可以参与学校日常管理，还要参与学校重大决策，并对学校决策执行情况进行监督。学校出台重要决策、制订工作计划、组织重大活动前，都要组织听取班级家长委员会成员、年级家长委员会成员、家校合作共育委员会成员的意见和建议。

有效的家校合作模式，需要家庭、学校、社区三方合作，家庭、学校、社区三大教育体系融为一体，各个要素有机联合。有效的家校合作模式还要由原来的指导模式转为服务模式，用服务模式全方位地关注孩子的成长。基于此，我们从建设"学校发展智囊团""家教培训团""班级议事团""家长义工团"切入，构建有效的家校合作模式。

2. 制度保障。

我们制定了家长表彰奖励制度、问题协商制度、家长评教制度、校长接待日、学生申诉制度、雅行评价制度、家长来访制度等。工作目标明确、程序清楚、职责具体，形成教育互补、共同合作的家校合作关系。

（1）家长表彰奖励制度。

家校合作共育委员会分别制定《优秀家长评选方案》《书香家庭评选方法》等制度。

在这些制度的激励下，家长参与学校教育工作的积极性被调动起来。我校组建了各具特色的家长义工队伍。根据家长的不同资源优势，发挥家长委员会职能，探索并组建校本课程义工教辅队伍、班本课程义工教辅队伍、家长课程义工教辅队伍、学生上放学义工护导队伍、学校环境整治义工队伍、学校议教评教义工队伍、学校民主管理与监督义工队伍等。每学期根据《优秀家长评选方案》对这些队伍中表现优秀的家长进行表彰奖励。

我校还通过评选书香家庭、组织亲子诵读比赛、创城期间评选精神文明先进家庭、组织面向家长的征文比赛等，坚持以评促建，以评促改，形成竞争机制。家长们纷纷走进教室，走进课堂，参与学生活动，为学校改进教育教学工作提供了新的视角和资源。

(2) 雅行评价制度。

对学生的评价，学校制定了《洪家楼第三小学学生综合素质评价方案》《洪家楼第三小学雅行十佳少年评选办法》等。

为了更直观地研究每位学生的身心、学习、品德和个性发展情况，我校开发建立了雅行评价数字化管理系统。该系统运用综合新课程理念的全新评价标准构建师生、家校、自评、互评的量化平台，管理和记录包括身心健康、品德养成、学习能力、个性发展等方面在内的学生的综合素质评价。实践中主要从"三分"与"三评"来对学生的雅行教育评价机制进行尝试研究。"三分"即分层实施、分类而评，分科而评。分年级段、分学科、按班级设计制定了更有针对性的评价细则。"三评"即评价机制实行如下三评：①定性评价与定量评价相结合；②班主任评价与同学评价相结合；③学校评价与家长评价相结合。

采取学科协同多元评价和家长评价相结合的方式。通过我校建立的网络平台上智慧数据雅行评价系统显示孩子在校的综合表现，如学习能力、"4321"过关、定制课程完成情况和学生获得奖章的情况等，让家长随时了解并参与评价，知晓学生的发展状况。

(3) 家长评教制度。

学校充分发扬民主，以开放的胸怀和勇气，请家长参与到学校对教师

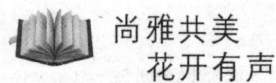

的师德师风的建设工作中来。一是让家长参与对教师的工作考核和师德考核；二是让家长参与对学校管理工作的考核。每学期家长会，学校都组织座谈、问卷调查等活动，民主评议教师和学校的管理情况。学校还建立学生家长通信资源库，每学期从资源库中随机抽取部分家长进行电话评测。评测情况与教师考评成绩、年度考核、评聘直接挂钩。这样做，有效地拉近了家校关系，促进了家校合作。

3. 经费保障。

学校设立家校互动专项经费，每年1万~2万元，同时积极争取社会资助。

4. 时间保障。

将各项安排制度化，实行定时开课、定期开会、定期开展主题活动。

第五章 成果推广与应用

第一节 "雅行教育"理念下学校系统化发展的效果评价

济南市历城区洪家楼第三小学发挥党建先锋和品牌示范双榜样作用，进一步拓展党建融合赋能的力度和广度，以党建引领学校高质量发展，紧紧围绕潜能唤醒的"雅行教育"理念，不断发掘丰富"尚雅共美"的文化内涵，规范办学，以文化立校，努力创建一所质量上乘、特色鲜明、内涵丰富，具有国际视野，在省内外具有较大影响力的现代化名校。在各级领导的关怀和帮助下，在社会各界的关注与支持下，在全体师生和家长的共同努力下，我校取得了累累硕果。

一、综合荣誉

（一）省级

我校雅行教育特色鲜明，发挥着示范引领作用，学校各项综合指标处于先进位置。我校入选中央教科所中小学素质教育多媒体综合运用实验基地，被授予中国教师杂志社全国理事单位，被评为山东省创新教育实验基地、山东省规范化学校，获得山东省"首批人工智能试点学校"荣誉称号、山东省"绿色学校"荣誉称号。学校班主任工作室被评为山东省中小

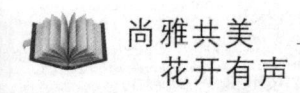

学"优秀班主任工作室"。被授予山东省中小学计算机教育专业会员单位，被评为首批山东省中小学教师信息技术应用能力提升工程2.0项目试点学校。被认定为山东省依法治校示范校，入选山东省作文教学实验基地，被评为山东省优秀家长学校、山东省"齐鲁雏鹰工程试点学校"、山东省红旗大队、山东省家庭教育实验基地、山东省美育示范校。学校网站曾荣获山东省一等奖。

（二）市级

我校在课程改革中大胆实践，不断探索，在济南市教育教学质量各种指标综合评价中名列前茅。我校荣获济南市"教育高质量发展工作表现突出集体"荣誉称号、济南市中小学校"一校一品"党建品牌示范校荣誉称号、济南市首期"中小学科学教育引领校"荣誉称号、济南市中小学"书香校园"荣誉称号、"2022年度济南市青少年科技教育工作先进单位"荣誉称号、济南市优秀课程设计"学校整体课程方案设计奖"二等奖。被评为济南市精神文明先进单位、济南市绿色学校、济南市家庭教育示范基地、济南市科普规范化学校、济南市三类学校首批特色校、济南市新课程改革实验先进学校、济南市语文教研示范校、济南市"语言文字规范化示范校园"、济南市义务教育课程改革先进学校。被授予济南市首届中小学创客教育基地实践基地理事单位。被评为济南市音乐学科示范创建校。2020年，我校成为济南市首批百所家长学校示范校。

（三）区级

我校获历城区"点位管理习惯养成"教育示范校、历城区2023"十佳"管理校、"五有好学堂"课堂教学研究优秀学校、作业管理"十佳"优质学校、历城区全环境立德树人"爱无巨细·情满校园"学生关爱最美校园星级学校、历城区最佳志愿服务组织等荣誉称号。

二、教育教学、科研

我校以"雅行教育·共美评价"机制为典型案例，在山东省"教育评价牵引教育教学综合改革"现场研讨会进行经验分享。

由彭滨校长主持的市级规划课题"'雅行教育'理念下学校美育课程建构与实践运用研究"结题。由我校创建的"聚焦问题技术赋能教学改进"案例被评为山东省中小学教师信息技术应用能力提升工程2.0组织实施类学校典型案例。山东省规划课题"疫情时期校本课程线上转换策略研究"结题。论文《基于核心素养的雅行课程的架构与实施》在中国教科院主办的《教育文摘》上发表。

语文组创建的"'1课3磨2备2说'+技术实操+合作学习研讨式"教研模式的实施,英语组创建的"听说能力的培养与落实在语境和活动中的学习与运用"被评选为山东省中小学教师信息技术应用能力提升工程2.0教研组典型案例。

我校"生本理念下小学班本特色课程的实践"荣获济南市优秀教学品牌,校本课程"雅行教育课程体系"荣获济南市学校整体案例类二等奖,校本课程"济南剪纸"荣获济南市单门课程类优秀奖。

校本教材《尚雅共美的旋律》《雅行少年成长的足迹》推广使用;2019年1月,《教育家》杂志专题报道"雅行教育"特色发展之路《构建教育"大雅之堂":育人无痕　花开有声》。专著《家校合作——为学生撑起一片成长的蓝天》书稿已完成。

三、艺体

我校管乐团、合唱团双双入围济南市高水平艺术团,管乐团在济南国际音乐节2023管乐艺术季展演中荣获金奖。我校艺术组教师指导学生多次在济南市班级艺术节朗诵、戏剧、声乐、器乐、班级手工、高水平比赛中获得一等奖。在济南市中小学橄榄球联赛中包揽金、银、铜奖。在济南市中小学体育联赛跳绳比赛中,获团体一等奖。

四、德育

我校少先大队荣获山东省"红领巾奖章"集体四星章、济南市优秀少

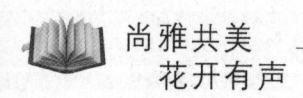

先队集体。五（5）王立谋中队被评为2023年度全国红领巾中队。

我校先后成为华东师范大学青少年社会与情感能力培养联盟校、山东政法学院社会实践基地。通过一系列主题活动和法治宣讲，普及法治安全教育，发挥学校法治副校长优势资源，建立学校、家庭、社会齐抓共管的法治教育体系，为学生健康成长保驾护航。

五、家校共育

我校被评为山东省家庭教育示范基地，并被认定为第一批市级家长学校示范校。我校家长委员会入选济南市"泉家共成长"工程"中小学百佳家长委员会"。在山东省教科院组织的山东省家庭教育基地建设典型经验遴选中，我校家校经验总结《浅谈全员育人理念下家校合作机制的构建》荣获二等奖。

第二节 "雅行教育"理念下学校系统化发展的推广

2019年6月，教育部《教育文摘周报》专题报道了雅行教育理念文化《建一所优雅的学校》；2018年6月，鲁网新闻报道《济南洪家楼第三小学向百名校长展示了班级特色》；2018年9月，大众网教育频道发表了对徐明军校长的专访《让每一个生命焕发光彩》；2018年11月，大众网新闻报道《莱芜校长考察团来洪三小参观班本特色课程》。

大众网、齐鲁晚报、山东商报、济南日报等多家媒体对我校教育教学成果进行了多达百次的报道。我校开展的"党团队共访黄河文化"研学活动在《中国少年报》平台展播；五（5）中队开展的"寻遗古法造纸，践行环保理念"系列活动荣登全国少工委官微；我校的快乐课间在"学习强国"平台展播。我校组织的"开学第一课·致敬巾帼女英雄"、航天日主题教育、"和我一起看星星"心理节露营、"知法守法护航成长"法治宣讲、习惯养成教育、"泉引桥在行动"等活动在山东广播电视台齐鲁频道、济南市教育局官微、历城区教体局官微推送。

我校少先大队组织的山东博物馆研学活动、区优秀党员邢建梅所带"王立谋中队"事迹荣登全国少工委官方网站红领巾集结号微信端。我校党支部录制的《花儿为什么这样红》党建微视频在济南市"学习强国"平台展播。荆兴洁、刘傲冉、赵祎宸、张梓萱、张同辰五位"红领巾宣讲员"受邀在济南广播电视台组织开展的"小小宪法宣传员"活动中宣讲宪法知识。王琛老师组织的"小小豆丁探秘残奥会"活动荣登齐鲁少年报官微平台。我校退休教师"科学爷爷"李兴勋老师的事迹被济南日报报道。

第三节 "雅行教育"育人手记

一、学生篇

（一）省级环保小卫士

济南市历城区洪家楼第三小学
刘奕彤

我是济南市历城区洪家楼第三小学的刘奕彤。2022年，我在第四批齐鲁环保小卫士活动中表现优秀，被授予"齐鲁生态环保小卫士"荣誉

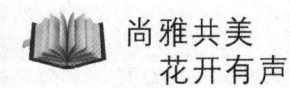

称号。

我勤学善思，成绩优秀，热爱校园，热爱集体，在班级中担任中队长，在我校大队委担任学习部副部长。鲜艳的红领巾激励着我，学校和老师的教导滋养着我。我时刻牢记要做一名合格的少先队员，认真做好每一项工作，尽心尽力为同学们服务。

我热爱劳动，有较强的环境保护意识。经常协助老师组织各类环保活动，积极参加学校的环保小课堂、环保讨论会等各项活动。制作环保主题手抄报，参与环保主题朗诵活动、环保绘画比赛，向大家宣传环保知识，分享环保小妙招。和同学们一起养成随手关灯、节约用水、遇到纸屑弯腰捡起的良好习惯。"手拉手，共成长"，我们一起做绿色校园、文明校园的小主人。"植绿护水，共筑碧水蓝天。"老师教导我们要从身边小事做起，珍惜每一片绿地，爱护一草一木，不仅要做环保的宣传者，还要做好环保的行动者。每年春天，我们会和老师一起种下一棵棵小树，为我们的家园增添更多的绿色。

我恪守绿色低碳生活理念，在日常生活中，带着家人一起学习和运用环保知识，处处以环保标准为依据。随手关灯，时刻注意关紧水龙头，节约用纸。提醒家人拎起布袋子，少用洗涤剂，不用含磷洗衣粉，低碳出行。过年过节，不燃放烟花爆竹。购买家电，首选环保节能产品。一水多用，洗菜水和洗衣水都存着用来拖地，淘米的水用来浇灌花木。废旧电池、过期药品都分类放置，送到专业回收点回收。我也会和家长一起参与社区公益活动，做环保志愿者，通过一言一行、一举一动来影响周围更多的人关注环保，参与绿色行动，共同保护环境，保卫我们美丽的家园。以实际行动带动大家学环保、爱环保，做美丽中国的参与者、行动者！

环保不是口号，而是责任。我会珍惜荣誉，再接再厉，牢记"保护环境，人人有责"的使命，做一名光荣合格的环保小卫士，和大家手拉手一起做美丽中国的行动者！

济南市历城区洪家楼第三小学
邹伊娜

我是济南市历城区洪家楼第三小学的邹伊娜,性格开朗大方,学习认真刻苦,成绩优异,尊师爱友。曾多次被评为"三好学生",还被评为"雅行十佳少年"。作为班长,我尽职尽责,积极为同学们服务。我有很强的环保意识,经常参加各种环保宣传活动,先后被评为"泉城生态环保小卫士"和"齐鲁生态环保小卫士"。

1. 宣传环保,从小事做起。

我们的地球是一颗美丽而神奇的星球,但是随着人类活动的不断发展,地球也面临着许多环境问题。这些问题不仅影响了我们的生活,也威胁着地球的未来。作为小学生,我们是地球的未来,我们有责任保护我们的家园。虽然我们的力气很小,但是我们可以从身边的小事做起。在日常生活中,我们可以节约用水,随手关灯,减少塑料袋和一次性用品的使用;我们可以将垃圾分类,将可回收垃圾变废为宝;我们可以用步行、骑自行车或乘坐公共交通工具来代替私家车出行,减少汽车尾气的排放。

2. 用心参与各类环保活动。

习近平总书记指出:"我们要像保护自己的眼睛一样保护生态环境,像对待生命一样对待生态环境,同筑生态文明之基,同走绿色发展之路!"在生活中,我牢记习爷爷的教导,以实际行动争当环保之星。认真制作环保手抄报,积极参加各类环保活动,还在小区里给小朋友们讲解垃圾分类的意义,向大家宣传环保知识。

3. 小手拉大手,共建美好家园。

团结就是力量。我们可以用我们的小手拉起父母的大手一起参与到环保行动中。我们可以和家人一起宣传环保知识,节约资源,减少浪费,让更多的人了解环境保护的重要性。我们是新时代的少年,是祖国未来的接班人,让我们从身边的小事做起,精心保护地球,一起建设我们美好的家园!

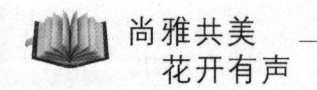

（二）市级环保小卫士

济南市历城区洪家楼第三小学
张梓萱

我是来自济南市历城区洪家楼第三小学的张梓萱。在学校里，我尊敬师长、团结同学、勤奋好学；在生活中，我是一名活泼开朗、阳光自信、爱好广泛的女孩。我坚持以良好的思想品质、优异的学习成绩、全面发展的综合素质为目标，向着德智体美劳全面发展的方向不断努力。

"不积跬步，无以至千里"是我的座右铭。我知道此刻的努力读书，是为了长大后能做一个对祖国建设有用的人。我对待学习非常认真，成绩在班级中名列前茅，并在班级中担任中队长，在学校少先队中担任大队长。我不仅要做好老师的好帮手，还要做同学们心目中的知心朋友、学习伙伴，为大家做好服务。我觉得为同学、为班级做点事，不仅能让自己得到锻炼、收获快乐，还能体现人生的价值。

我有着强烈的社会责任感，多次担任红领巾讲解员，还利用课余时间参加了很多劳动实践活动。我热衷公益活动。不论是学校开展的文明劝导、志愿保洁，还是社区的关爱老人、垃圾分类，我都尽可能地抽时间参加。我将志愿精神体现在日常的每一件小事中，尽到一名少先队员的责任。我的爱好广泛。在学习之余，我十分热爱书法和科学，参加过不少比赛，都取得了不错的成绩。

1. 入校以来所取得的荣誉。

（1）我一直以"读雅书，生雅趣、促雅思、讲雅言、行雅仪、做雅事"的六雅要求为目标，严格要求自己，获得"区级三星章队员"及"雅行十佳少年"的荣誉称号。2023年4月，被聘为历城区"红领巾宣讲团"成员；12月，作为少先队员代表参加中国少年先锋队济南市历城区第四次代表大会。

(2) 在校期间，各科成绩优异，连续三年被评为"三好学生"。

(3) 在学校的红领巾雅行文明岗上，认真负责，坚守岗位，多次获得"优秀文明岗"的荣誉称号，并被学校授予"雅行徽章"。

(4) 在校内外举办的科技比赛中多次获奖，获第三十六届济南青少年科技创新大赛二等奖、2021年历城区青少年科技文化节科技创新作品比赛二等奖、2021年历城区青少年科技文化节仿真纸飞机航母着舰赛项二等奖、学校第四届科技节特等奖等。

(5) 多次参加书法和绘画比赛，获得"齐鲁未来星"书法一等奖、"山东省青少年书画艺术大赛"硬笔书法二等奖、"第三届山青美术奖"儿童画一等奖等。

(6) 积极参加少先队活动，多次参加红色研学活动并担任红领巾讲解员。

对我而言，荣誉是一份肯定，更是一份激励。我相信"一分耕耘，一分收获"，只有挥洒辛勤的汗水，才能收获成功的果实。在保护环境方面，我的表现也丝毫不逊色哦！从我接触环境保护的教育开始，我便坚定从自身做起，做到低碳生活，做好垃圾分类，为保护地球环境贡献一份自己的力量。

2. 作为一名"齐鲁生态环保小卫士"的表现。

(1) 学习环保知识，将生态环保理念由目入心。

我很喜欢看环保题材的纪录片。我曾经在纪录片中看到，蔚蓝洁净的海洋变成了另外一副模样。大片的生活垃圾漂浮在海上，有海鸟因为误吞这些垃圾而殒命；浩瀚海洋中自由穿行的海龟，被塑料绳勒得变形；应该在北极冰雪中撒欢的北极熊，却在垃圾中寻觅食物。看着这些可怜的动物，我忍不住地心疼它们。

进入小学之后的我，对于"环保"这个词有了更深的了解。我逐渐理解了习近平总书记的那句话："绿水青山就是金山银山。"我了解到我们每浪费一度电、每乱扔一次垃圾，都会影响到我们的生活环境；而我们在环

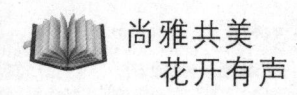

境保护中所做的每一件小事，实则都是关乎整个人类文明的大事。我开始学习各类环保知识，加入环保的队伍。我积极参加学校组织的"黄河文化"研学活动。在活动中，我意识到环境恶化给地球带来的危害。在课堂上，每当谈到环保的话题，我都积极地参与，将自己的平日所学与同学们一起分享，将环保理念深深地植入内心。

(2) 掌握环保技能，在生活中践行环保理念。

随着年龄的增长，我了解了更多关于环境保护的知识，心中那份想要尽自己所能保护环境的信念愈发坚定。低碳生活、垃圾分类，这些看似是生活中的小事，最终却能够汇聚成保护地球环境的强大力量。

通过老师和爸爸妈妈的讲解，我掌握了很多环保的小技能。我看到身边的人并没有十分注意垃圾分类，我觉得不仅自己要有保护环境的意识和行动，同时也要让家人和朋友有保护环境的意识。但怎么才能让身边的人都重视垃圾分类呢？我在家里跟爸爸妈妈一起为环保出主意，让环保变成我们的一种生活方式。我改造了家里的垃圾桶，分别在四个垃圾桶上贴上了可回收物、厨余垃圾、有害垃圾、其他垃圾的标签，将生活垃圾严格分类，并且在扔垃圾的时候扔进小区对应的垃圾桶内。为了更好地将垃圾分类的理念传递给更多的人，我利用周末时间，在社区内发放关于垃圾分类的宣传单页，向社区的居民们宣传节约资源的好处和方法。在学校里，我们打造了"生态教室"。我主动负责起班级的绿色植物，每天提前一个小时抵达教室，给它们浇水、施肥、修剪枝叶，做它们的"守护者"。我还认真制作环保手抄报，精心绘制环保画，积极参加环保活动，等等。我经常向大家宣传自己编写的环保知识，使同学们深刻认识到保护环境、保护地球是每一个地球公民的使命。

(3) 规范环保行为，在实践中争做环保卫士。

在日常生活中，我都在努力做节约资源、保护环境的义务"宣传员""监督员"，做"环保小卫士"。

在出行的时候，我们一家人会骑自行车或者乘坐公交车来代替私家车，减少尾气排放对空气的污染；在家里，我从身边小事做起，不乱扔垃圾，并做好垃圾分类；在日常生活中，我注意勤俭节约，用淘米水冲厕所、把洗手水存起来洗拖把、用洗菜水浇家里的小菜苗，减少塑料袋和一次性用品的使用，多使用布制品；在校园里，我特别注意维护校园和教室的环境卫生，时时刻刻严格要求自己；走出家门，爸爸妈妈带着我一起捡起街边或公园草坪里的垃圾，将可回收的瓶子、纸壳收集起来，将其他垃圾分别丢进对应的垃圾桶里；去海边游玩的时候，看到沙滩上或者水上漂着的垃圾，我会毫不犹豫地捡起来丢进垃圾桶……我们每个人都有责任和义务为保护环境做一些力所能及的事。

（4）发挥示范作用，做身边人的环保小榜样。

我在济南市2023年争做"泉城生态环保小卫士"活动中表现突出，被授予了"泉城生态环保小卫士"的荣誉称号。这项荣誉对我来说是莫大的肯定，鼓舞着我在日常生活与学习中，积极发挥"环保小卫士"的榜样作用。

一方面，我以身作则，将环保意识融入环保行动中。在学校里，我会积极参加劳动，和大家一同爱护班级的卫生和公共物品；走在路上，我会随手捡起脚下的垃圾；看到有人随手扔垃圾时，我会立刻把被丢在地上的垃圾捡起来，还会告诉同学"不能随手乱扔垃圾"；在节假日，我会和志愿者们共同清扫社区的垃圾；晚上作业完成后，我会在父母的鼓励下主动打扫楼梯间的卫生；每当看到有人做破坏环境的事，我就会跑上去制止。作为班干部，我积极带领同学们参加劳动，脏活累活我都抢着干，给同学们做一个好的榜样。

另一方面，我主动作为，在言传与示范中影响身边的人。春节期间，我参加"禁放烟花爆竹"的宣传活动，倡导大家爱护环境；中秋佳节，我不忘每天坚守在城市大街小巷的环卫工人，为他们送去我自制的月饼；我积极参加"光盘行动"，践行光盘理念，拒绝剩餐；外出活动时，我能坚持做到不乱扔杂物，主动清理白色垃圾；在植树节的时候，我参加植物活

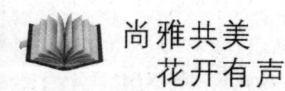

动,为地球增添一抹绿色。

最后,我积极追求上进,踊跃参加保护环境的各项活动,在环保行动中展现自己的坚定信念。在2023年"齐鲁生态环保小卫士"教育实践系列活动中,我积极参与各项活动,表现突出,得到了老师和同学们的肯定,获得了济南市生态环境保护宣传教育中心颁发的志愿服务证书;在济南市生态环境局市中分局组织的"保护环境、爱护地球"活动中积极学习;在参观叶子博物馆的过程中学习植物知识,增加自己的环保知识储备;在"寻遗古法造纸,践行环保理念"活动中,我们组成洪家楼第三小学五(5)寻雅觅行中队,在实践中探索,在尝试中学习,进一步深化自己对环保的认识。

(5)牢记环保使命,共建绿色家园。

绿水青山就是金山银山。保护环境,就是保护地球的未来;保护地球,就是保护我们赖以生存的家园。保护我们的城市不被环境污染所伤害,不因资源枯竭而衰亡,是我们的义务和责任。作为社会主义的接班人,作为一名少先队员,我们更应该深刻地认识到,我们要珍惜资源、保护环境,从我做起,带动家人以及更多有环保意识的同学一起,为我们的家园贡献一份力量,做一个真正的环境保护者,共同建设我们美丽绿色的环保家园。

(三)济南市"红领巾奖章"个人三星章

济南市历城区洪家楼第三小学

张梓萱

我是来自济南市历城区洪家楼第三小学的张梓萱。我热爱祖国,关心集体,讲文明,懂礼貌。我积极参加各项红色教育活动,多次担任红领巾讲解员,认真学习"红领巾爱学习",努力争得"中国少先队专属奖章"。

在习爷爷"从小学先锋,长大做先锋"的教导下,我和队员们陆续开展了"榜样寻访"之路，相继邀请了有着30余年党龄的李剑新同志、公路的建设者樊亮博士、最美抗疫者时玉磊同志进入课堂，分享故事。我被李剑新同志在自己平凡的岗位上默默奉献、不求名利、不求回报的高尚情怀深深感动；对樊亮博士的研究成果及我国公路事业翻天覆地的变化深感振奋；对时玉磊同志坚守在抗疫一线"舍小家，顾大家"的无私奉献精神深表敬佩。

我热爱学习，有严谨的学习态度和科学的学习方法，各科成绩优异，连续被评为"三好学生"，荣获校级"雅行十佳少年"称号，连续两次荣获区级"红领巾奖章"个人二星章。我的兴趣爱好比较广泛，如科技小发明、书法、朗诵等，多次在各类比赛中取得优异成绩。

作为中队长，我积极带领队员们参与校内外实践活动。春节期间，我参加"禁放烟花爆竹"宣传活动，倡导大家爱护环境；中秋佳节，我为环卫工人送去自制的月饼；我积极响应"光盘行动"号召，拒绝剩餐。

我曾荣获2021年度区级"红领巾奖章"个人二星章；荣获2023年度区级"红领巾奖章"个人二星章；被聘为历城区"红领巾宣讲团成员"；荣获第二届"山青之星"山东省青少年风采展示活动演讲项目小学B组三等奖；在济南市2023年争做"泉城生态环保小卫士"活动中表现突出，被授予"泉城生态环保小卫士"称号。

（四）雅行十佳少年

为了更大限度地调动学生自我学习、自主发展的积极性和主动性，促进全体学生勤奋学习、不断进步，在德、智、体、美、劳方面健康发展，我校依据"雅行红领巾争章"评价发展，除过程中进行普惠性评优表彰之外，在每个学期末设置"雅行十佳少年"评选，综合学生一学期的学习过程（作业评比）、实践活动（校内校外活动证书）、学业成绩（"4321"及期末总评）和自我成长（个人事迹）情况，邀请我校教师评价委员会和学生评价委员会成员进行公开、公平、公正的审核，最终形成全校"雅行

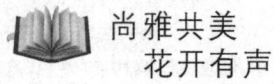

尚雅共美 花开有声 ——"雅行教育"理念下学校系统化发展的研究与实践

十佳少年"名单，为全校雅行学子树立榜样，引领全校向雅而行，向上向善，争做新时代的好少年！

2024~2025第一学期雅行十佳少年名单

安均睿、惠杨帆、李明泽、刘玥萱、卢新冉、时梦冉、王芊雅、张嘉琪、赵梓涵、朱宸溪

济南市历城区洪家楼第三小学
安均睿

我是来自济南市历城区洪家楼第三小学的安均睿。我是一个阳光自信、热爱祖国、积极向上的好少年。我曾担任过三年中队长、两年少先队大队宣传委员，获得济南市优秀学生、校级优秀学生干部、三好学生、优秀中队委等荣誉，在各方面都得到了锻炼和发展。

"宽以待人，严以律己，用执着去书写人生轨迹"是我的人生信条。我涉猎广泛，爱学习、爱艺术，也热爱运动。我喜欢单簧管、绘画、书法、乒乓球、篮球、朗诵、国际象棋、跆拳道等，获得区级以上荣誉十余项。

1. 爱党爱国，热爱公益。

作为新时代的少先队员，我热爱伟大的祖国，为自己是中国人而自豪，为自己是党的儿女而骄傲。我去过重庆白公馆，听过渣滓洞中小英雄小萝卜头的故事；组织过全班同学参观中共山东早期历史纪念馆；瞻仰过英雄山济南战役纪念馆；读过雷锋的故事，讲过红色故事，拜访过抗美援朝幸存的老兵爷爷，接受过一次次红色教育的洗礼。

我热爱公益活动，参加了光盘行动、垃圾分类、艺术实践等社会公益活动，在参与的同时学习了知识，养成了良好的行为习惯。

2. 时间管理，品学兼优。

"少年辛苦终身事，莫向光阴惰寸功。"进入六年级后，学习节奏加快了，我对于自身的要求也逐渐提高，不能荒废学业，也不能放弃兴趣。要在有限的时间里做更多有意义的事。提前规划，时间挤挤总是有的。我的学习成绩名列前茅，曾连续获得"优秀学生""学习之星"等称号，各科成绩都是 A。

2022 年，我被评为济南市优秀学生。目前，我是校管乐团单簧管首席。2024 年 8 月，我获得了泉城音乐奖单簧管独奏银奖。2023 年 12 月，我参加的洪三管乐团获得泉城音乐节金奖。

3. 多才多艺，人生不设限。

"问渠那得清如许？为有源头活水来。"我平时爱好广泛，每一项特长都让我有所收获。我曾取得绘画比赛国赛一等奖、省级赛事一等奖的成绩，在《少先队员》投稿两篇，在七项技能大赛中获一等奖，还成为齐鲁晚报书画院特邀小书画家；获得山东电视台"花漾星少年"演讲比赛一等奖；考得单簧管十级，获金奖证书；获跆拳道红黑带。我还是国际象棋八级棋手，在校内比赛中获得季军，获得"小棋王"称号；参加过山东省小篮球联赛，代表山东省体启航队参赛，是全场个人得分最多的小球员；乒乓球也是我的强项，我曾被评为优秀运动员。

运动使我更加阳光自信，也让我知道，只要认真、努力、坚持，付出的汗水总会有所回报。不给自己的人生设限，未来将更加精彩。

4. 立德为先，修身为本。

"夫人伦之道，以德为本。"我时刻谨记中华民族传统美德，以身作则。在学校，我尊敬师长，做好老师的小帮手；在班级里，我团结同学，课余时间给有需要的同学讲题，与同学共同进步。

"千淘万漉虽辛苦，吹尽狂沙始到金。"荣誉属于过去，未来仍需努力。我坚信，"长风破浪会有时，直挂云帆济沧海"。

131

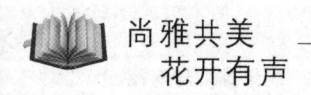

尚雅共美 花开有声 —— "雅行教育"理念下学校系统化发展的研究与实践

济南市历城区洪家楼第三小学

惠杨帆

我叫惠杨帆,来自济南市历城区洪家楼第三小学。我尊敬师长,团结同学;我学习刻苦,热爱读书;我爱好广泛,积极进取;我怀揣梦想,志存高远。无论在学习还是生活中,我始终把践行"雅言、雅行、雅德"放在首位,力争做一名名副其实的雅行好少年。德智体美劳全面发展,是我的目标。

1. 学雅课,促雅思:勤奋刻苦,孜孜不倦。

在学校的日常学习中,我学习态度认真,学习目标明确。不论是学校"4321"过关测试,还是期中、期末测试,我都能达到 A 级水平。我荣获"三好学生""雅行好少年""立德好少年""学习之星"等荣誉称号。

2. 养雅德,践雅行:积极进取,不断成长。

作为一名少先队员,我团结同学,积极为班级服务。作为一名班级干部,我更是时刻牢记肩上的重任,不断提升自己的组织管理能力和协调能力。我在红领巾争章活动中荣获"一星级奖章"。我积极参加班级组织的校外实践活动,如"小手拉大手,共访黄河文化"。我认为,行走的课堂让我们在亲身经历中学习,不仅拓宽了我们的视野,还增强了我们的动手能力和团队合作精神。

3. 读雅书,讲雅言:读万卷书,行万里路。

"读史使人明智,读诗使人灵秀。"我从小就热爱读书。在学校举办的第十九届读书节活动的评选中,我们家被评为"书香家庭"。我和妈妈还参加了学校举行的"学习党的二十大,红色基因代代传"亲子诵读活动,荣获年级组一等奖。

4. 生雅趣,做雅事:卓尔不群,全面发展。

我性格开朗,兴趣广泛。业余时间,我喜欢弹钢琴、唱歌、游泳和编程等。我参加的校级合唱社团,以《三衢道中》和《阿卡拉》参加了济南市中小学高水平声乐比赛，以一等奖的好成绩晋级省赛。

我的编程作品获得我校第16届科技节图形化编程比赛一等奖、第四届历城区青少年科技文化节二等奖。我在学校的"'声'动校园 唱响未来"暨第九届"蔷薇三小，各雅其雅"朗诵大赛中荣获一等奖。

我在第五届"致敬英雄"全国青少年文化艺术创作主题教育竞赛"给英雄模范写封信"阅读写作大赛中，荣获全国总决赛一等奖、山东省二等奖，为传承和发扬红色文化做出了积极贡献。

5. 心怀感恩，砥砺前行：勤劳自立、尊老爱幼。

在生活上，我尊敬长辈，孝敬父母，照顾妹妹，主动帮父母做一些力所能及的家务劳动。在做这些事的时候，我既感到开心，又让我学会了感恩。我深知父母提供给我的美好生活不易，我要感谢父母给我的无忧无虑的生活，让我能静下心来好好学习。

只争朝夕，不负韶华。我相信，只要我不断努力，积极进取，勇往直前，一定不会辜负最美的年华，做最好的自己。在新的学期，我将继续提升自己的各项素养，争做一名合格的"雅行十佳少年"。

济南市历城区洪家楼第三小学
李明泽

我是来自济南市历城区洪家楼第三小学的李明泽。我是一名充满自信、乐观向上、热爱生活的男孩，孝敬父母、尊敬师长、团结同学、热爱校园。"做最好的自己"一直是我的追求。

1. 助人为乐，热爱集体。

作为一名班级干部，我关心集体，热爱劳动，热心为同学、为班级服务，以满腔的热情投入班级的各项工作活动中。我把"全面发展、勇于承担"作为实现人生价值的重要途径。2024年，我被济南市教育局评为"济南市优秀学生干部"。

2. 勤奋好学，追求卓越。

在老师的教育和父母的关心下，我养成了良好的学习习惯，始终保持对学习的热爱和关注，刻苦钻研，成绩名列前茅。在学校，我经常主动与老师、同学交流学习心得，取得了很大的进步。从入学到现在，我成绩优异，每学期都被学校评为"三好学生"，并多次获得"雅行好少年""雅行学习好少年""雅行自主好少年"等荣誉称号。

3. 兴趣广泛，全面发展。

除了掌握丰富的文化知识外，我还有广泛的兴趣爱好，在体育、音乐、朗诵等方面表现出较强的兴趣和天赋。几年来，无论是寒冬还是酷暑，我一直坚持不懈地学习声乐、朗诵、美术，利用课余时间积极参加各类比赛。在学校"蔷薇三小，各雅其雅"活动中，多次获得"声乐一等奖""摄影一等奖""美术一等奖"等各类奖项；在学校组织的"红领巾奖章"争章系列活动中，获得"一星级奖章"；我的美术作品也在山东美术馆举办的"童真童趣·畅享新春"儿童书画展上展出。广泛的爱好使我的生活丰富多彩。

4. 志愿服务，奉献社会。

在学校，我是文明岗执勤队员，对同学们的日常行为进行检查、监督。在"红领巾雅行文明岗"督导服务中，我认真负责，多次被学校评为"优秀文明岗"。课余时间，我加入了"济南市关爱农民工志愿者协会"，积极参加协会举办的志愿服务活动，帮环卫工人推车、捡拾公共场所被随意丢弃的垃圾、为外地游客指路并介绍济南的特色等；多次深入社区参加志愿者服务活动，向辖区居民宣传垃圾分类小知识，通过宣传让大家对垃圾分类有更加深刻的理解，培养大家的环保意识和责任感，用实际行动践行社会责任，为社会贡献一份绵薄的力量。

5. 展望未来，砥砺前行。

在以后的学习生活中，我将继续保持对学习的热情和追求，不断拓宽自己的知识面，提升自身综合素质。"是花，就要绚丽开放；是树，就要长成栋梁；是石头，就要铺出大路。"在未来的成长道路上，我将心怀感恩，坚守初心，一如既往，砥砺前行。

济南市历城区洪家楼第三小学
刘玥萱

我叫刘玥萱，来自济南市历城区洪家楼第三小学。我性格开朗，与同学相处融洽；我热爱劳动，是父母和老师的好帮手；我品学兼优，热爱阅读，兴趣广泛，注重积累。我的目标是每天进步一点点，实现德智体美劳全面发展。

1. 品德发展。

我热爱祖国，热爱班集体，尊敬师长，团结同学，乐于助人。我经常通过参观历史纪念馆、观看爱国主义影片、阅读红色书籍等方式了解革命历史，革命先烈不怕牺牲的精神也激励着我奋发图强。在第五届"致敬英雄"全国青少年文化艺术创作主题教育竞赛"描绘我心中的英雄"大赛中，我获得书法绘画类三等奖。

2. 学业发展。

我对待学习严谨认真，自主学习能力强。我被评为校"三好学生"，还多次荣获"学习之星""自主小能手""雅行好少年"等荣誉称号。我热爱阅读和写作，在历城区"执文明之笔，绘幸福画卷"校园垃圾分类征文活动中荣获历城区优秀奖。

我有较强的英语表达能力，在第二届"山青之星"山东省青少年风采展示活动中荣获国际语言项目一等奖；在学校2023~2024学年第二学期"英语演讲达人"风采展示活动中荣获一等奖，代表学校参加了济南市历城区小学生"英语演讲达人"风采展示活动，并在学校的第二十届读书节开幕式上做了题为《我的梦想》的英语演讲。

3. 身心发展。

我喜欢跑步、爬山、跳绳、跳高等体育运动，积极参与学校的各项体育活动。在2024年学校春季田径运动会中荣获三年级女生组跳高项目第三名。我乐观向上，面对困难和挑战时，总能保持积极的心态。

4. 艺术修养。

我兴趣爱好广泛，擅长绘画、书法、钢琴、二胡等。我积极参加各级各类艺术展演活动并取得优异成绩。我在美术类比赛中，曾获济南市"叮咚小书画家"青少年书画展彩笔画一等奖，山东省青少年"人与自然"主题书法绘画展示活动美术专业小学A组一等奖，山东省青少年"绿色环保低碳生活"主题书法绘画展示活动美术专业小学A组三等奖，第十届"蔷薇三小，各雅其雅"才艺PK美术作品大赛二等奖；在乐器类比赛中，曾获"环球少儿艺术节"省级展演选拔活动二胡独奏类银奖，第二届"山青之星"山东省青少年风采展示活动钢琴项目小学A组二等奖，第八届"蔷薇三小，各雅其雅"才艺PK器乐大赛二等奖。

5. 劳动与社会实践。

我热爱劳动，在校积极参与值日、大扫除，主动维持教室整洁卫生；在家主动承担扫地、擦桌子、晾晒衣服、收拾房间等力所能及的家务活。我还积极参与社会环保活动、植树活动、社区服务和公益募捐等公益活动，用自己的实际行动传递正能量。

"不积跬步，无以至千里；不积小流，无以成江海。"在未来的日子里，我会继续努力，不断积累，为自己的人生书写更加精彩的篇章。

济南市历城区洪家楼第三小学

卢新冉

我是济南市历城区洪家楼第三小学的卢新冉，一名诚实正直、向上向善的女孩。在"知书达礼，雅行天下"的校训引领下，我已初步成长为同学们口中的好伙伴，父母眼中的好孩子，老师身边的小帮手。

1. 知行合一，热爱集体。

雷锋叔叔曾说过："一滴水只有放进大海里才永远不会干涸，一个人只有当他把自己和集体事业融合在一起的时候才能最有力量。"作为一名少先队员，我不仅心怀集体，更在行动上支持班级各项工作。我在大扫除时不甘落后，在庆元旦活动中出谋划策，在集体赛事中全力以赴。我把自己当成一块砖，哪里需要往哪里搬。

2. 知书达礼，勤学善思。

在学习上，我努力让自己充满上进心和好奇心，不懂就问，经常主动查阅资料，与同学老师交流；课上认真听讲，做作业时规范书写；课下及时巩固所学知识，让自己保持乐观积极的学习态度。空闲之余，我喜欢一个人静静地沉浸在书的海洋里。无论是童话、科普，还是漫画、文学，我都喜欢。历城区第二届阅读与写作以及学校的读书节等活动中也有我的身影。"问渠那得清如许？为有源头活水来。"的确，书籍源源不断地为我打开一个个精彩的世界，让我的学习和生活每天都多姿多彩。

3. 勤俭自立，热爱劳动。

语文课上学过的《千人糕》让我深刻明白了一粥一饭来之不易，也让我学会了勤俭节约。每年暑假，我都会回老家，跟着家人一起摘豆角、种青菜、浇菜园、拔草、施肥，忙得不亦乐乎。在体验劳动快乐的同时，我也学会了很多生活技能。劳动改变了我的认知，让我更加独立自主。

4. 兴趣广泛，全面发展。

丰富多彩的课外生活让我在学习之余，找到了更多的乐趣和慰藉。我最喜欢的运动项目是游泳，在泳池中我感受到了鱼儿的自由自在；我喜欢旅游，在旅途中感受祖国的大好河山；我一直坚持的兴趣是书法，虽然每次上课练字都要站立近两个小时，但当我沉浸到练字中时，所有的困难都成为我脚下的"小泥丸"；拍小视频记录生活、做手工等等兴趣爱好让我更加热爱生活。

路虽远，行则将至。我将继续保持一颗向上向善的心，不断树立更高的目标，努力完善自我，成为一名合格的社会主义事业的建设者和接班人。

济南市历城区洪家楼第三小学

时梦冉

我是时梦冉，来自济南市历城区洪家楼第三小学。我是一个乐观向上、热爱生活、诚实善良的阳光女孩。我热爱祖国，尊敬师长，团结同学，乐于助人；在学习上虚心好学，刻苦钻研，各科成绩优异。我一直将"读雅书、生雅趣、促雅思、讲雅言、行雅仪、做雅事"作为自己的行为准则。

1. 勤奋学习，积极奋进。

在学校和老师的悉心培养下，我在心中早早就种下了"少年强则国强"的强烈信念。在这种信念下，我养成了良好的学习习惯。在学习上，我踏踏实实，一步一个脚印，取得成绩时不骄傲，遇到挫败时不气馁，各科学习成绩均保持前列，多次获得各种奖励。

我酷爱读书。大量的阅读不仅开阔了我的视野，增长了我的见识，还让我养成了良好的阅读习惯。我会继续保持这让我受益一生的好习惯。我还是博物馆、科技馆、美术馆的常客，从中获得了丰富多彩的"营养"。

2. 团结友爱，乐于助人。

班级的大小事务，无论是布置黑板报、读书角，还是装饰教室等活动，我都热心参与。我还主动帮助班级中学习有困难的同学，经常把自己的学习经验和学习方法毫不保留地教给他们，用自己的切身体会鼓励他们。与同学们共同进步是我学习上的强大动力。我以身作则，从我做起，从身边小事做起，协助老师管理好班级，爱校如家，爱护同学，用自己的行动给红领巾增添光彩。

3. 自立自强，热爱公益。

在学校里，我是老师的好学生；在家里，我是爸爸妈妈的得力小帮手。我学着煮饭做菜。我的拿手好菜是西红柿炒鸡蛋。在学习之余，我积极参加各种劳动，体验农民伯伯的辛苦；在社区，我积极宣传垃圾分类的知识，清扫积雪，争当社区志愿者；外出游玩时，我随手捡拾垃圾。保护环境已经成为我的日常习惯。

4. 才艺兼备，全面发展。

我爱好广泛。对于绘画、朗诵、羽毛球、轮滑、游泳、健身等，我都非常喜欢。为了检验学习成果，我参加了各项考级，取得了绘画十级、朗诵十级、中国舞七级的成绩。我积极参加学校艺术节活动，在美术、歌唱、话剧比赛均获得了一等奖。我认为只有全面发展，才能更好地迎接未来的挑战。

5. 读万卷书，行万里路。

假期里，我还会和爸爸妈妈一起外出旅游，特别是跟着课本和经典著作去旅行。我们去浙江《观潮》；去曲阜拜谒孔子；去开封感受《水浒传》的魅力；跟着《新华日报印刷机》前往重庆看望小萝卜头等革命烈士。我在旅行中了解到了很多历史知识、风土人情和革命先烈的故事，加深了对祖国的热爱之情，视野开阔了，胸怀也宽广了，感受到了"读万卷书，行万里路"的力量。

成绩只属于过去。在未来的日子里，我会继续发挥我的优点，在学习、生活中更加努力，更加严格要求自己，激励自己，使自己全面发展，争取取得更好的成绩，做一个优秀的雅行十佳少年！

济南市历城区洪家楼第三小学

王芊雅

我是来自济南市历城区洪家楼第三小学的王芊雅，红领巾个人二星章

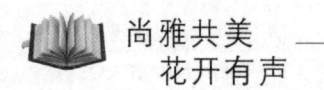

队员。我性格开朗，爱好广泛，品学兼优，乐观向上。

1. 勤学善思，品学兼优。

在学习上，我始终如一地严于律己。在课堂的每一刻，我都全神贯注地投入。通过不懈的努力与追求，连续获得"三好学生"的荣誉。

面对学习和生活中的挑战与困难，我总是以乐观的心态和坚定的信念去面对它们。我积极地与同学、老师以及长辈沟通交流，共同寻找解决问题的最佳途径。

2. 乐于奉献，助人为乐。

我乐于奉献，积极参与各类社会公益活动，主动将阅读过的书捐赠给希望工程和福利机构，以此贡献自己的一份绵薄之力。此外，我还热衷于参与丰富多彩的研学活动，曾在2024年暑期踏上故宫与北京大学的研学之旅，并荣幸地获得机会前往马里驻中国大使馆参观交流，这一经历极大地拓宽了我的视野。

在校园生活中，我始终秉持着乐于助人的精神，积极主动地帮助身边的同学解决困难。我也积极为老师分担力所能及的工作。正是这些优秀的品质和行为，使我连续多年荣获"雅行卓越好少年""书香少年""自律小达人"以及"奉献好少年"等荣誉称号，并被学校评为"奉献好少年"的典范。

3. 爱好广泛，多才多艺。

在日常生活中，我的兴趣爱好非常广泛，在多个领域内取得了优异的成绩。我喜欢钢琴演奏，多次在电视台的舞台上展示自己，并赢得了多项赛事的金奖。在绘画领域，我不仅在济南市第三十六届青少年科技创新大赛选拔赛中荣获学校特等奖，还在市级比赛中荣获儿童科学幻想画一等奖。在2021年历城区小学生科学素养展示"小小科学家，创造向未来"科技作品大赛中，我荣获二等奖。在书法方面，我曾在济南市第二十二届少年儿童七项技能大赛中荣获书法类一等奖。

我最热爱的是舞蹈，在第二届"山青之星"山东省青少年风采展示活动中荣获舞蹈类项目一等奖；在桃李杯青少年艺术盛典和花漾星少年青少年艺术大赛中，荣获舞蹈类一等奖；在全国"花漾艺术节"展演中，荣获金奖。这些荣誉不仅见证了我在舞蹈方面的付出，也肯定了我在舞蹈领域的优异表现。

4. 热爱劳动，勇担责任。

我热爱生活的每一刻，保持乐观向上的心态，尊敬长辈，孝顺父母。我主动分担家务。由于父母工作繁忙，我挑起了照顾弟弟的重担，成为家中的小"支柱"。我如同一位"小大人"，用无尽的爱心呵护着弟弟，与弟弟携手共进，在成长的道路上留下欢声笑语。

道阻且长，行则将至；行而不辍，未来可期。我要脚踏实地地走好每一步，在成长的过程中心怀理想，沐雅行远，笃行不息。

济南市历城区洪家楼第三小学
张嘉琪

在五年级一班里，总有个忙碌的身影，收发作业、传达学习任务、去文明岗执勤、协调同学间的小摩擦……这就是我。课间的我，穿梭于教室内外；课上的我，则变得安静沉稳，紧跟老师的思路。我就是来自济南市历城区洪家楼第三小学的张嘉琪。

1. 心中有爱，行为有德。

在老师眼中，我是勤思考、爱学习的好孩子；在同学们眼里，我是热心的好伙伴。我始终能以一颗宽厚博爱的心去接纳每一位同学。

班里的书包橱缺失了学号，我会细心地做好贴上去；心语信箱里，第一封写给老师的信也出自我。无论是对身边的长辈，还是对同龄人，我都展现出无私的关怀和温暖。这也正是一个合格的少先队员对"雅言雅行"的具体实践。

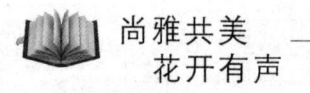

2. "艺"熠生辉，魅力无限。

丰富多彩的课外活动和广泛的兴趣爱好，帮助我开阔了视野，也养成了良好的习惯。书法、绘画，不仅提高审美情趣，也是对中华优秀传统文化的继承；篮球、舞蹈，既锻炼了身体，也使我对团队和集体荣誉有了更深的理解；科技、编程，让大脑更睿智，为科技强国积蓄力量。

课余时间，我积极参加各种社会实践活动，在编程、跳绳、朗诵等活动中成绩优异；自入选历城区少年科学院候选人以来，我每次活动表现优秀；校内举行的各项文体活动中，也都有我的身影。

不同学科的探索过程，让我的生活更加充实多彩。虽然忙碌，但我始终保持乐观向上、锐意进取的精神状态。良好的人格魅力让我收获了更多朋友。

3. 自律自强，不惜寸阴。

我在面临挫折时永远不会轻易放弃。

在济南市跳绳比赛的训练中，我和队友们每天起早贪黑，脚上磨出了水泡，手臂摇得酸疼，但回家写完作业，还是会和搭档继续练习花样组合的动作。在信息学奥赛集训营，每天12个小时的高强度课程和考试，从入营时成绩垫底，到结营时名列前茅，我付出了比其他同学更多的勇气和毅力。在这段经历中，我不仅收获了成绩，也让大家看到了一个自律自强、积极向上的张嘉琪。

我知道，付出就有收获。笨鸟先飞，勤能补拙。课后我及时预习、复习，对生活中的碎片时间也充分利用：早饭时，听听英语；入睡前，读一读文学故事；空闲了，和哥哥互相听写、提问；每晚结束学习后，还会出去跳绳、散步。在该拼搏奋斗挥洒汗水的年纪，我没有浪费一丝光阴。

4. 芳华待灼，砥砺深耕。

少年的梦，不应止于心动，更要付诸行动。习近平总书记教导少年儿童："从小学先锋，长大做先锋，努力成长为能够担当民族复兴大任的时代新人。"如今，我正朝着这样的目标大步向前，相信沿途必将是一路繁花。

济南市历城区洪家楼第三小学
赵梓涵

我是来自济南市历城区洪家楼第三小学的赵梓涵。我是个活泼开朗、乐观向上、勤奋踏实、尊敬老师、团结同学、德智体美劳全面发展的好少年、好学生。

1. 勤奋好学，乐于探究，积极上进。

我热爱学习，热爱多姿多彩的校园生活。我坚信"付出就有回报"。入学以来，我总是在各方面严格要求自己，努力做到勤思考、勤提问、勤练习。我充分利用课堂上的四十五分钟，积极开动脑筋，举手回答问题，及时对老师所讲的内容进行理解、消化、吸收。课后，我独立完成作业并预习新知识，做到当天的任务当天完成，不拖拉。这些良好的习惯，让我不断进步，各科成绩都不断提高。五年来，我每个学期都被评为"三好学生"，并多次获得"英语小达人""写作小达人"等荣誉称号。

平时，我最爱看书。为了提高我的作文水平，在看书时，对一些好词好句，我都及时认真地摘录在本子上。我的阅读和写作能力有了很大的提高。我多次参加作文比赛并获奖。

2. 老师的小助手，同学的知心小伙伴。

我非常幸运地生活在一个和谐、团结、友爱、积极向上的班集体。老师们严格、认真、富有爱心，同学们聪明、活泼、热情、开朗。我感到非常幸福，也非常愿意为集体贡献自己的力量。对老师交给我的任务，我总能够克服困难，出色地完成；对学校组织的各项活动，我都积极参加并在活动中起到模范带头作用。我也非常真诚地对待每一位同学，对学习和生活上遇到困难的同学，总是及时地伸出援助之手。我热爱我们这个友爱团结的大家庭。

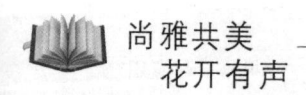

3. 兴趣广泛，素质全面。

"业精于勤，荒于嬉；行成于思，毁于随。"我热爱中国传统文化，一直坚持练习书法、绘画、古筝、朗诵等。我深知每一分成绩的背后，都是坚持不懈的练习。"不积跬步，无以至千里。"中华文明是一棵生生不息的大树，而我们作为新时代的少年，就要秉持传承中华文化的信念，让这棵大树更加枝繁叶茂。

4. 勤劳自立，孝敬长辈。

"谁言寸草心，报得三春晖。"我理解的孝顺就是，自己的事情自己干，合理安排自己的时间，独立、认真地完成各项作业；有计划地练习古筝、书法，不让父母担心，并帮助父母做些力所能及的事情。

在未来的学习和生活中，我将以"读雅书、生雅趣、促雅思、讲雅言、行雅仪、做雅事"为标准继续严格要求自己，演绎更多的精彩。

济南市历城区洪家楼第三小学
朱宸溪

我是朱宸溪，来自济南市历城区洪家楼第三小学。现担任班级中队长、体育委员、数学小组长和英语小组长。我性格开朗，内心沉稳，做事认真专注，是老师的得力小助手。

1. 勤奋好学，品学兼优。

我是一个勤奋好学、积极向上、自律严谨的学生，是父母眼中的乖孩子、老师心中品学兼优的好学生，也是同学们学习的好榜样。我被学校授予"三好学生""优秀班干部""学习之星""健体好少年""自主好少年""雅行好少年"等荣誉称号。

"鸟欲高飞先振翅，人求上进先读书。"我酷爱读书，喜欢畅游在文字的世界里。这拓展了我的知识面，也丰富了我的课外生活。

2. 热爱集体，积极向上。

我是老师的得力小助手，积极协助老师做力所能及的事情，勤勤恳恳为班级服务，为同学们服务。在一年级女子跳绳30米速跳中，我荣获第一名的好成绩。在2023年济南市中小学生体育联赛跳绳比赛中，我代表学校参加30秒双摇，跳获得了第六名的好成绩；和同学一起参加30秒协同跳，取得了第一名的好成绩；还有4×30接力，取得第二名的好成绩，为班级争光，为学校添彩！在学校举行的"童读名传沐书香，勤志明理共成长"亲子诵读比赛中，我荣获一等奖。

3. 尊敬长辈，自立自强。

"百善孝为先。"在长辈眼里，我是一个乖巧懂事的好孩子。学习之余，我会帮妈妈分担一些家务，不让妈妈操心自己的学习和生活。从幼儿园时期妈妈就培养我自立自强的能力，所以至今自己能做的事情，我决不麻烦妈妈。我还积极参加社会实践，在实践中体会到劳动的艰辛，理解父母的付出和不易，从而更加感恩父母。

4. 多才多艺，兴趣广泛。

我的兴趣爱好广泛，有书法、街舞、吉他、美术等。对于每一个特长，我都用心去学习，并且都学有所得。我还参加各种小记者活动，让自己得到充分的锻炼。我在各大比赛中都取得了较好的成绩。学习之余，我还喜欢弹吉他，放松心情，陶冶情操。

5. 努力争当一名勤奋学习、追求上进的雅行好少年。

"满招损，谦受益"是我的学习格言，我也一直是这样做的。在以后的学习生活中，我会更加勤奋刻苦，积极进取。"会当凌绝顶，一览众山小。"只有多读书，多积累，才能站得高，看得远。力争德智体美劳全面发展，争当一名合格的雅行好少年！

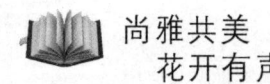

2023~2024第二学期雅行十佳少年名单

郭奕鸣、王晓晴、邹伊娜、张嘉栋、夏诗雯、张梓桐、杨皓博、张同辰、徐可煊

济南市历城区洪家楼第三小学
郭奕鸣

我是来自济南市历城区洪家楼第三小学的郭奕鸣。我是一个勤奋努力、积极上进的男孩。自信、自主、自强是我的坚定信念，好学、好思、好问是我的求学态度。人生只有耕耘，才会有收获；唯有拼搏，梦想才会实现。我一直在逐梦的路上。

作为一名光荣的少先队员，我关注国家大事，积极学习并传承中华传统美德，寻访红色足迹，传承红色基因。通过实地寻访，我了解中国共产党的历史，感受革命历史的红色文化精神，弘扬革命文化，传承红色基因，奋进在新征程上。我将不断汲取精神营养，满怀信心，勇毅前行。

在洪家楼第三小学的三年里，我时刻谨记"知书达礼，雅行天下"的校训，始终保持勤奋踏实的学习态度，对待学习有计划、有目标。我连续三年被评为"三好学生"。每个学期的"4321"我都认真对待，每次词语过关和口算能力过关我都是满分；古诗词过关一次性通过；书法考级被评为六级；我的作文在话题作文比赛中获得五星级作文。居家学习期间，我因优秀的表现，被评为第一批"居家学习自律小达人"，事迹被做成公众号在全校宣传。我日常喜欢阅读课外书籍，这不仅开阔了我的视野，也增加了我的知识储备。

作为班级的副班长，我积极参加各种活动，尽自己最大努力为班级、为同学服务。我尽职做好老师的小助手，帮助老师收发作业，管理班级的秩序。我的付出得到了老师和同学们的称赞。在学校"红领巾雅行文明岗"督导服务中，我荣获"优秀文明岗"称号。

学习上不落后，生活中同样要不断成长。我的课余生活多姿多彩。二胡、朗诵、书法、橄榄球，我都很喜欢。书法是我最喜欢的爱好之一。我认为，练习书法对培养我的道德素质、身心素质、审美能力及良好的学习习惯，都有极其重要的作用。

百善孝为先。在生活中，我尊敬长辈，常怀感恩之心，平时积极承担一些力所能及的家务活。每逢周末，我会变身"小厨师"，为家中添一道精心准备的菜肴。此外，我热衷于参加各种社会公益活动，不断增强自身的社会责任感。

"不经一番寒彻骨，怎得梅花扑鼻香。"作为一名"雅行十佳少年"，我认为获奖只是一个开始，更重要的是如何保持一颗平常心，继续努力学习和成长。同时，我也认为每个人都有自己的闪光点，只要我们善于发掘自己的潜力，勇于挑战自我，都能成为更好的自己。我会继续努力，为班级争光，为学校争光！

济南市历城区洪家楼第三小学
王晓晴

我是来自济南市历城区洪家楼第三小学的王晓晴，现担任学校少先队大队长。我性格开朗，爱好广泛，品学兼优，乐观向上。

1. 勤奋好学，品学兼优。

学习上，我勤奋好学，善于动脑。从小不论做什么事，我都一直保持着认真、持之以恒的态度。我一直认为"世界上没有笨人，只有懒人"。我总是在各方面严格要求自己，虚心接受老师的教育、指导。在学习新知识前，我总会认真地进行预习，对于自己学会的和疑难处做到心中有数；在课堂上，我自觉遵守纪律，善于思考，积极回答问题；在学习中，我能抓住重点进行学习，不懂就问，碰到难题就向老师请教或自己查阅资料解决。我的学习态度得到了各科老师的一致好评，学习成绩一直名列前茅。

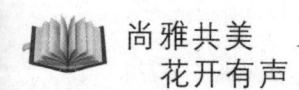

课下我还经常给其他同学讲解难题，同学们都很喜欢我。在给同学讲解的同时，我又让自己的知识加以巩固。

"胸藏文墨怀若谷，腹有诗书气自华。"我酷爱阅读。大量的课外阅读不仅拓宽了我的知识面，还丰富了我的生活。

2. 热爱集体，积极向上。

作为班长，我总是勤勤恳恳地为班级、为同学服务，一直是老师们的得力助手。自从加入少先队后，我以一名少先队员的标准要求自己，做小队员们的榜样。在被选为学校大队长后，我更加积极地协助辅导员做好少先队的工作。除此之外，我在保证学习成绩的同时，每学期都积极踊跃地参加学校组织的各项比赛活动，取得了可喜的成绩。这让我锻炼了自己，增加了自信。

3. 尊敬长辈，自立自强。

百善孝为先。在长辈的眼里，我是一个乖巧懂事的好孩子；在妈妈的眼里，我还是她的知心朋友。在家里，我坚持自己能做的事情自己做，主动分担家务。生活中，我不挑吃穿、不攀比享受。我知道，自己努力学习，做力所能及的家务事，是对妈妈最好的回报。

4. 多才多艺，兴趣广泛。

从幼儿园开始，妈妈就让我学习了不少艺术科目，有声乐、舞蹈、美术等。我认真地上好每一堂课，课下我也会一遍遍不厌其烦地练习。我参加了好多相关的比赛，也都取得了优异的成绩，荣获特等奖、金奖、一等奖等荣誉。

5. 努力争当一名勤奋学习、追求上进的雅行好少年。

古人说："活到老，学到老。"学习是永无止境的，唯有坚持才是真正的"法宝"。我专心向学，孜孜以求。在校内，我每学期均被评为校级"三好学生"，每学期的假期作业都被评为校级优秀作业，还多次获得校级"书香好少年""雅行学习好少年""雅行立德好少年""雅行卓越好少年"等荣誉称号；2022年10月，我荣获区级"红领巾二星章"；在每学期参加的科技、阅读、英语、声乐、朗诵等校级活动中，我多次获得一等奖。

"书山有路勤为径，学海无涯苦作舟。"在以后的学习生活中，我仍会不断地努力进取，不断地完善自我，以自己的行动不断地为胸前的红领巾增光添彩，努力成为新时代的雅行好少年！

济南市历城区洪家楼第三小学
邹伊娜

我叫邹伊娜，来自济南市历城区洪家楼第三小学，是一名优秀的少先队员，在班里担任班长、大组长和卫生委员，兼任校级卫生检查委员。我学习刻苦，尊敬师长，孝敬父母，乐于助人，坚强勇敢，热爱班集体，关心同学，积极参加各种活动，始终以"雅言、雅行、雅德"的标准要求自己。

1. 品德优秀，思想上进。

我十分重视自己的思想品德培养，从小就以我国历史名人和现代英雄人物为榜样，积极向他们学习，立志将来做一个对国家、对人民有用的人。我自觉地严格遵守《小学生守则》和《小学生日常行为规范》，自觉遵守学校的一切规章制度。因为表现突出，我多次获得"三好学生"的荣誉称号，并成为第一批入队的少先队员。我在各方面都以身作则，严于律己，起模范带头作用。我还负责班里关灯、关空调和关风扇的工作。我们班每次都能获得学校颁发的"卫生流动红旗"。为班级争得荣誉，我感到无比光荣！我还是班里的卫生小组长，负责带领组员们一起，为大家创造一个窗明几净的学习环境。对于老师交代的任务，我总是有条不紊地完成。

2. 刻苦学习，成绩优秀。

在学习方面，我做到课前预习，上课专心听讲，积极回答老师的问

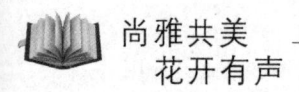

题，课下按时高效地完成作业。我书写认真，我的作业每次都能被评为"模范作业"。遇到同学有不会的问题时，我会主动给同学们讲解。每天坚持数学口算打卡和阅读打卡，大大提升了我的计算能力和阅读写作能力。我还获得了学校的经典诵读四级证书、书法四级证书。业余时间，我每天练习钢琴和毛笔字，这极大地丰富了我的课余生活，开阔了我的眼界。良好的学习习惯使学习变成了一项自律而有趣的活动。

我在红领巾争章活动中表现突出，获得了"一星级奖章"的荣誉，并第一批入选少先队员，成为一名期盼已久的光荣的少先队员。经过自己不懈的努力，我已经荣获"两道杠"。这是一种荣誉，更是一种责任，我会继续努力！

疫情居家期间，停课不停学，在线不减效。在家上网课期间，我都会提前预习，准时上课，坐姿端正，认真听讲，积极回答问题，和老师互动，完成老师布置的各种作业。由于上课认真，表现优异，我被评为"雅行学习好少年""雅行立德好少年""雅行劳动好少年""雅行潜能好少年"和"居家雅行小达人"。我按时做眼保健操，由于动作规范标准，获得了"爱眼护眼小达人"的荣誉称号。

3. 赓续红色血脉，传承红色基因。

为了"铭记红色历史，传承革命意志"，我参加了在山东博物馆开展的研学活动，同时也参加了黄河文化的研学之旅。从闻名天下的齐纨鲁缟，到惠世千年的中医诊法，黄河流域先人们的智慧在一件件小小的器物、一个个小小的符号中得以展现。通过这次参观活动，我了解了中华文化的博大精深和源远流长，既了解了历史，又增强了民族自信和民族自豪感。

我怀揣着"报效祖国"的梦想，默默努力，先后被选为升旗手和扛旗手。开运动会时，我被选为班级引导员。我怀着激动的心情，以奋发向上、斗志昂扬的风貌引领班级进入运动场。

在"学习党的二十大　红色基因代代传"亲子诵读比赛中，我和妈妈一起朗诵《中国人》，获得一等奖。

在"六雅"活动中，我作为"读雅书"的小代表发言。在山东省青少年"绿色环保，低碳生活"活动中，我荣获二等奖。在"生态泉城"绘画比赛中，我荣获二等奖。在"二十四节气"绘画比赛中，我荣获一等奖。在"厚植家国情"绘画摄影比赛中，我荣获一等奖。我参加了"书艺童年少儿才艺大赛"，其中毛笔字获得三等奖，朗诵获得优秀奖。

4. 心怀感恩，砥砺前行。

每天放学完成作业后，我会主动帮忙，擦桌子、扫地、择菜、给妹妹削水果等，做一些力所能及的家务。

5. 爱好广泛，积极参加各种活动，动手能力强。

我喜欢做手工，用旧纸盒或者折纸做出很多作品。其中一组指偶作品《最美代言人》，我与家人一起分角色演示并配音的小视频还在"学习强国"平台发布。每次的美术手工作业，我都能做出精美的手工作品，获得了老师的称赞。在"青春献礼二十大，强国有我新征程"活动中，在班主任王琛老师的带领下，我和全班同学一起制作了手工作品，在济南市第十八届班级艺术活动中获得了一等奖。

我在小区里开展义务劳动，争当环保小卫士，做一些力所能及的事情。我被评为"泉城生态环保小卫士"，也时刻以环保小卫士的标准来要求自己，爱护每一株花草、每一棵树，看到有攀折花草的现象会及时制止。不管是在公园、小区，还是在楼道，我看见有垃圾，就会主动捡起来扔进垃圾桶。为了把环境保护的口号落到实处，我还加入了小区的环保队伍，为小区的整洁奉献一份小小的力量。我捡树叶，扫地，铲除墙上的垃圾广告，等等。暑假期间，我还参加了小记者宣传环保的活动。

我积极宣传垃圾分类和节能环保知识，时刻提醒身边的人。我参加了班级举办的以"众人爱绿护绿，地球常绿永恒"为主题的植树节活动。为了增强消防安全意识，我参加了班级举行的"消防连万家，安全你我他"活动，并给消防员叔叔们赠送了亲手写的对联"赴汤蹈火为人民，英勇善战保平安",感谢他们的辛苦守护。雷锋月,我参与了班级组织的"学雷锋,我先行"之拥抱春天的活动,通过捡拾公园垃圾、讲绘本、签名表决心等形式,时刻牢记要以一个小雷锋的标准要求自己,提高自己。

6. 全家总动员,共建环保绿色家园。

保护环境是每个人的责任。自从了解了我国淡水资源人均拥有量仅有世界人均拥有量的四分之一,我感觉到每滴水都是那么珍贵,洗手时会把水龙头开得小一点;每次洗完衣服之后会把水留着冲马桶和涮拖把用;妈妈洗菜的水我会拿来浇阳台上的绿植,避免水的浪费。家里的电器都是节能环保产品,洗衣服时选用无磷洗涤用品。为了减少白色污染,家里不使用一次性筷子和塑料包装盒等。我把废旧电池、过期药品放到有害垃圾的回收箱。

济南市历城区洪家楼第三小学
张嘉栋

我是济南市历城区洪家楼第三小学的张嘉栋。我课上专心听讲,积极发言;课下认真完成作业,及时预习复习。学习之余,我有广泛的兴趣爱好。我幽默开朗,和同学们和谐相处。

1. 崇德向善,见贤思齐。

我家住在洪三小附近,从小耳濡目染,让我对小学生活充满向往。终于等到步入洪三小校园的那天,丰富多彩的课程和各类活动为我打开了新世界的大门,我像海绵一样吸收着更多的知识。

每一次作业,每一次展示,我都努力做到最好,因为我渴望像高年级的哥哥姐姐一样,早日戴上鲜艳的红领巾。功夫不负有心人,我的努力得到老师和同学们的认可,我成为第一批加入少先队的队员。"为大家做榜样"成为我新的目标。

每一次班级参观活动,都让我对红领巾的认识更多一分,对革命先烈的敬佩之情更多一分,也更深刻地感受到祖国强大带给我们的幸福与和平。有志不在年高,无志空活百岁。我立志将来加入共青团、加入共产党,继承先辈遗志,扛起时代重任。

2. 少年若天性,习惯成自然。

校内的每次过关,我都是一次过关且全对;每个期末我都被评为"三好学生";书法和古诗文考级,我也成绩优异。好成绩离不开好方法,更离不开持之以恒的好习惯。

重视预习和复习。数学要进行新课时,我会提前看微课熟悉一下,保证课上跟上老师的进度,提高听课效率。语文和英语是需要多读多背的学科,我就利用早上和睡前的时间听读范文。时间充裕时,我就复习前面的易错题,和妹妹互相听写词语。

自律自控是通往成功的必经之路。特别是在网课期间,我也如在校一般,从不迟到早退。我每天早上主动进入课堂,无论哪一门学科,都积极认真地对待。

坚持自己的爱好。在完成校内任务的同时,我从未放弃自己的爱好。这些爱好也在潜移默化中促进了我的学习。书法、绘画陶冶情操,让我学会静心观察;篮球、武术使我身强体健,不被学业所累;编程增强我的逻辑思维能力,使我在数学方面游刃有余。这些活动对我来说就是另一种形式的放松,所获取的知识也拓宽了我的视野。

3. 阳光向上,全面发展。

明礼修身,雅言雅行。合格的少先队员需要德智体美劳全面发展。除了学科内的学习,在其他艺术科目里我也努力做到最好。

运动会上,我以1.92米的成绩获得三年级男子跳远第一名;在济南市机器人比赛中,我获得一等奖。

这些技能让我在生活中也收获很多:用乐高为家人搭书架和手机支架,用灯笼里的废旧小灯泡做手电筒,把废旧饮料瓶做成花瓶……中秋节跟妈妈一起做月饼,包饺子、蒸花馍也不在话下。我能自己整理房间,也能帮家里买菜，在劳动中体会生活的乐趣。

雅者，正也。蕴者，积也。"不积跬步，无以至千里；不积小流，无以成江海。"在成长的道路上，我要学习的还有很多。我一定不忘初心，知礼明德，立大志，成大才，担大任，做新时代的接班人！

济南市历城区洪家楼第三小学
夏诗雯

我是夏诗雯，来自济南市历城区洪家楼第三小学。我是一个性格活泼开朗、乐观自信、喜欢交朋友的阳光女孩。我热爱学习，尊敬师长，积极上进，关爱集体，团结同学，具有良好的心理品质、优异的学习成绩、全面发展的综合素质，是同学们的好榜样，更是老师的得力助手。我爱好广泛，喜欢跳舞、弹古筝、做手工、烹饪。眼里有光，心中有爱，目光所及，皆是美好。

1. 思想端正，热爱祖国。

立报国之志，怀爱国之心，践报国之行。爱国，是至高无上的品德，是民族的灵魂。作为一名小学生，我热爱祖国，热爱集体，勤奋学习，立志成才。我积极参与班级组织的"重走长征路，献礼二十大"主题研学活动。此次活动让我们全体队员从红军长征的伟大精神中汲取了思想的力量、信仰的力量、精神的力量、奋斗的力量，赓续了红色血脉，传承了长征精神。

2. 认真学习，用心生活。

立身以立学为先，立学以读书为本。在学习上，我自觉自律，具有强烈的上进心和求知欲，积极进取，逐渐养成良好的学习习惯，课前认真预习，上课认真听讲、积极发言，做作业仔细严谨，课后及时复习。面对困难时，我会认真听取老师和家长的意见与建议，及时地改进与优化自己的学习方法。在学习的道路上，我踏踏实实，一步一个脚印。自入学以来，年年被评为"三好学生",在红领巾争章系列活动中获得"一星级奖章"。

在学校,我关爱同学,热爱集体,尊敬师长,始终以一颗真诚之心去对待身边的每一个人。作为班干部,我以身作则,从自我做起,严格要求自己,是老师的好帮手,同学的好榜样。我多次被评为"雅行团结之星好少年""雅行劳动之星好少年"。学习之余,我积极参加学校的各项体育活动。我充分发挥自己的体育特长,为班级赢得荣誉,并多次被评为"雅行健体好少年"。

在生活中,我孝敬父母,尊老爱幼,主动帮助父母分担力所能及的家务,照顾妹妹,在实践中体会到了劳动的艰辛,理解了父母的付出和不易,从而懂得了感恩,并提高了自己的动手能力。我特别喜欢做饭。亲手烹饪一道美食,让我特别有成就感,也让我养成了善于观察和积极研究的好习惯。

3. 全面发展,多才多艺。

课堂之外,我有着丰富的兴趣爱好。古筝、跳舞、画画、书法、游泳等,我都十分喜爱。动若脱兔,静若处子,一动一静完美地诠释了我在生活中的特点。我喜欢街舞。街舞让我在身体得到锻炼的同时,让我更加自信和充满活力。我还喜欢古筝。日复一日的练习让我明白努力比天赋更重要。除此之外,我还积极参加学校以及社会组织的各种艺术活动。

4. 心怀感恩,砥砺前行。

面对众多荣誉,我变得更加自信,因为我深知"一分耕耘,一分收获"。我会珍惜当下,把握好每一分钟,秉承学校"知书达礼,雅行天下"的校训,读雅书、生雅趣、促雅思、讲雅言、行雅仪、做雅事。在以后的学习生活中,我要怀有感恩之心,更加努力刻苦地学习,争取取得更优异的成绩。

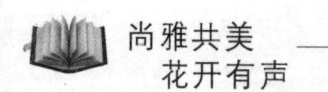

尚雅共美 花开有声 —— "雅行教育"理念下学校系统化发展的研究与实践

济南市历城区洪家楼第三小学

张梓桐

我是来自济南市历城区洪家楼第三小学的张梓桐。在老师们的谆谆教导下,在同学们的热心帮助下,我成长为一个自信、自律、自立的少先队员。

"勤者读书夜达旦,青藤绕屋花连云。"我热爱学习,善于钻研。我用每天不懈的努力换来了优异的成绩,多次被评为"三好学生",在本学期末的考试中取得了语、数、英满分的好成绩。

作为中队长,我有强烈的集体荣誉感、责任感。我以身作则,严于律己,认真履行自己的职责,不断提升自己的组织能力和协调能力,努力成为老师们的好助手,曾多次被评为"优秀班干部"。我很荣幸地加入了学校大队委这个优秀的组织。在红领巾的感召下,我积极参加少先队的各种活动。一年级学弟学妹的入队仪式活动、"小小雷锋"志愿者进社区活动、"红领巾雅行文明岗"督导服务、9月份学校的迎新活动、开学典礼等,处处都有我的身影。

我热心帮助有困难的同学。当同学们有不会的问题时,我也能做到耐心、细心地给大家讲解。我尊老爱幼,总是帮助爸爸妈妈做一些力所能及的事情,帮助弟弟整理玩具,辅导弟弟学习,坚持为爷爷奶奶捏肩捶背,是妈妈的"御用小帮手"。我用良好的言行影响着弟弟的成长。

"书中自有黄金屋,书中自有颜如玉。"我喜欢读书。通过阅读,我对这个世界有了更多的认知,懂得了如何辩证地看待一件事、一个人。我积极参加班里的读书会活动,和老师、同学们一起探讨书中的好文章、好语句,也因此受益匪浅。在学校的读书节活动中,我获得"书香少年"的光荣称号。通过阅读,我积累了丰富的词汇,在学校组织的话题作文比赛中获得了第二名;在"我是英语悦读小达人"的活动中,我荣获二等奖。

除此之外,我还有广泛的兴趣爱好,如素描、排球、篮球等。我也很幸运地参加了学校的篮球队、排球队。这些兴趣爱好不仅充实了我的学习生活，还磨炼了我的意志力。

向阳而生，逐光而行。我会继续努力，认真学习，时刻以"读雅书、生雅趣、促雅思、讲雅言、行雅仪、做雅事"的标准来要求自己，不负时光不负梦，争做时代好少年。

济南市历城区洪家楼第三小学
杨皓博

我是济南市历城区洪家楼第三小学的杨皓博。我热爱祖国，爱护国旗，参加升旗仪式时严肃认真，自觉遵守学校及社会上的各种纪律和规则，有较强的法律观念；讲文明话，做文明事，爱护公物，明辨是非，诚信做人；热爱班集体，积极参加各种班级活动，认真完成班集体交给我的各项任务，尽我所能，为班级争光。

在学习上，我努力地学习知识。在老师们的教导下，我取得了优异的成绩。这是我以往的成绩，将来的我会更加努力，取得更好的成绩来报答我的老师和父母。

在班级中，我以身作则，严格要求自己，上课认真听讲，课下认真完成各科作业；积极参与体育课、大课间、眼保健操等活动，动作认真规范；积极参加班级及学校组织的各项劳动，爱护公物，爱惜、爱护他人的劳动成果。

在生活中，我尊老爱幼。在坐公交车时，遇到老人及怀孕的阿姨，我总是主动让座，让他们在坐车时更安全和舒服些。我知道爸爸和妈妈工作很辛苦，所以在学习上我从来不让他们着急，每天都是主动认真地完成各项作业。生活上，我也是做到自己的事情自己做，不让父母操心。我也积极做一些力所能及的家务，如打扫房间、整理书柜、洗自己的衣服、扫地、洗碗、倒垃圾。虽然这些都是一些小事情，但是我非常有成就感。

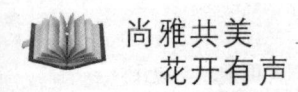

我还是一个特别喜欢中国传统文化的小学生，我喜欢读关于传统文化的书。我从中学习了许多人生的道理，如"凡出言，信为先。诈与妄，奚可焉"，讲做人要诚信；"勿以恶小而为之，勿以善小而不为"，讲的是不要因为坏事很小就去做，也不要因为好事很小而不去做。我还喜欢练字，现在我的硬笔书法已达到七级。我还是一个爱读书的学生，特别喜欢历史类的书。至今我读了《史记》《三十六计》《资治通鉴》《中国古代寓言故事》《三国演义》《水浒传》《写给孩子的历史》《中华上下五千年》等。通过读这类图书，我知道了祖国有悠久灿烂的文化，认识了历代的君王及勇士，知道了唐宋八大家，了解了远古时期先民刀耕火种的生活；通过读书，看到了当今世界科学技术的迅猛发展。2023年7月，在济南市历城区举行的"国学小名士"中华经典诵读大赛中，我表现突出，荣获小学组一等奖。我会继续努力，在以后的比赛中取得更加优异的成绩。以后我会积极传承中华优秀传统文化，同时也会学习社会主义先进文化。走遍天下书为侣，好书相伴一生，让书香浸润生命。我相信我会在老师的带领下，在父母的支持下，读更多的好书，了解更多的知识，去探索未知的世界。

我从上小学就开始练字，一直坚持到现在。通过练字，我的字越来越好，我的心态也越来越平和，做事不再心浮气躁。练字关键在于"恒"。有恒心者，事竟成。

济南市历城区洪家楼第三小学
张同辰

我是济南市历城区洪家楼第三小学的张同辰，担任学校少先队副大队长，是一名活泼开朗、乐观向上、自信阳光的女孩。

1. 品学兼优、成绩优秀的榜样少年。

每学期我都被评为"三好学生""优秀班干部"。在学习上，我自觉自律，具有上进心和求知欲，积极进取，逐渐养成了良好的学习习惯，掌握了科学的学习方法。我课前有步骤且扎实地充分预习，课后及时复习，在知识的迁移、能力的训练上下功夫，做到触类旁通，举一反三，使自己的学习不断迈上新台阶，进入更高的学习境界。

我热爱集体，尊敬师长，团结同学，始终以一颗真诚的爱心对待身边的每个人。作为班干部，我以身作则，严格要求自己，起表率作用，秉着全心全意为同学服务这一宗旨去开展工作，协助老师管理好班级，是老师的得力助手，是同学学习的榜样。我爱校如家，用自己的实际行动为红领巾增光添彩。

2. 敬老爱亲、善良真诚的美德少年。

在生活中，我孝敬父母，尊老爱幼。我经常帮助父母做力所能及的家务活，从"自己的事情自己做"到"主动帮父母承担家务"，从"管理好自己"到"家中大事小事皆参与"，一直用自己的实际行动浇灌着成长之路上的朵朵芳华。在实践中，我体会到了劳动的艰辛，理解了父母的付出和不易，从而懂得了感恩。在劳动中，我学到了一些技巧，提高了自己的实践能力和动手操作能力，养成了善于观察和积极研究的好习惯，并增强了独立、勇于担当、责任心强的意识。我深切地体会到了"幸福生活需要靠自己劳动去创造"的道理。

我勤俭节约，杜绝浪费，深知一米一粟均来之不易。我遵守公共秩序，爱护公共财物，做遵守社会公德的好少年，做文明出行的践行者，影响身边的每一个人；尽自己之力去帮助身边需要帮助的人，用自己平时积攒的零花钱，帮助家庭困难的同学；保护环境，低碳节能，积极践行环保理念，传播绿色正能量，从身边小事做起，从自我做起，保护我们赖以生存的家园，做环保小卫士。

3. 多才多艺、全面发展的阳光少年。

我多才多艺，爱好广泛、擅长朗诵和表演，参加了国家、省、市级的多场比赛，获得了很多奖杯和证书。在第八届全国学生"学宪法讲宪法"演讲竞赛活动中，我荣获小学组第一名。我弘扬宪法精神，勇做普法排头

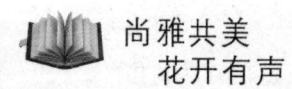

兵，在成长的道路上与法同行，做一名知法懂法守法护法的好少年。在第四届"中华少年说"鲁豫总展演中，我获得了特金奖。在第九届"曹灿杯"青少年朗诵展示活动中，我获得"卓越之星"。在2023年山东省民政厅主办的"文明清明·礼安齐鲁"诵读经典清明节大型演出活动中，我领诵的《走向纪念碑》震撼全场，得到了观众的一致好评。我作为领诵代表，接受了山东电视台的采访。我被推选参加省、市电视台的节目主持和节目录制，获得"优秀小主持人"的荣誉称号。在第五届"致敬英雄"全国青少年文化艺术创作主题教育竞赛"讲个故事给党听"朗读演讲大赛中，我获得三等奖。在济南市教育电视台"周末家长会"的节目录制现场，我惟妙惟肖的表演得到了导演和老师们的一致赞扬。在一次次的主持和表演中，我的各项能力得到了锻炼和提高。

4. 乐于奉献、热心公益的爱心少年。

在学校第25届"推广普通话，喜迎二十大"活动和学校预防校园欺凌主题教育系列活动中，我作为少先队员代表，上台宣读倡议书。

我积极参加学校和班级组织的各项研学活动。在学校参加的"历城区少先队校外实践教育基地云地图"发布仪式中，我作为学校的"红领巾宣讲员"代表，用严谨、专业又不失童真活泼的语言讲述了史前文化展厅中的三足石灶文物，赢得了区领导、老师和队员们的一致好评。

我利用课余时间到红色场馆宣讲红色故事，吸引同龄小伙伴到红色场馆参观、学习，带动更多少年儿童传承红色基因，在心中播下红色种子，在红色故事的浸润下健康成长。

作为山东省科技馆的"红领巾讲解员"，我用少年儿童熟悉的语言进行科技展品讲解，为参观者传播科学知识，激发了少年儿童对科学知识的兴趣，拉近科学与少年儿童的距离。作为科技馆的"青少年志愿者"，我在科普秀场表演儿童科普剧，把自己所学的知识、特长融入科普表演秀中，用知识奉献爱心，成为科技馆科普传播的新力量。

我就像一颗冉冉升起的小星星，努力将自己的光和热带给身边每一个人。

永不言弃、自强自立、尽责奉献，是我不变的目标。未来的路还很长，我立志做一个雅言、雅行、雅德的新时代好少年。

济南市历城区洪家楼第三小学

徐可煊

大家好，我是济南市历城区洪家楼第三小学的徐可煊。我喜欢绘画，喜欢读书，同样热爱跑步、跳绳等多项体育运动。我的成长格言是：律人先律己。

1. 坚持梦想，创造成绩。

我喜欢绘画。绘画不仅让我开心，还使我的生活充满了乐趣。开心时，我用画笔记录下我的喜悦；伤心时，我用画笔记下我的烦恼。现在绘画已经成为我生活的一部分。

2. 从书中收获，在书中成长。

书中自有黄金屋，我热爱读书。我读过《鲁滨孙漂流记》《山海经》《假如给我三天光明》《秘密花园》等。在书中，我学到了各种新奇丰富的知识。书是知识的海洋，是人类进步的阶梯，是打开智慧大门的钥匙。我可以在书的海洋里遨游，在书的阶梯上攀登。书可以让人深思，给人力量。在我读过的书中，让我印象最深的就是山海经的两个国度——淑士国和黑齿国。淑士国外表彬彬有礼却内心丑陋，而黑齿国外表丑陋内心却很善良。我从这两个故事中我学到了，只有心灵美才是真正的美。

每当读到一些优美的语句，我会情不自禁地感叹，并将它抄写下来，或者将它背下来，以供平常写作使用。读书时，我会在自己感兴趣的地方做批注，也会和同学一起分享。读到一些写事作文的时候，我会将自己代入作者的角度，去想象这个故事，加深对这个故事的印象。平常我读到不懂的地方就会多读几遍，正如古话说的"书读百遍，其义自见"。读着读

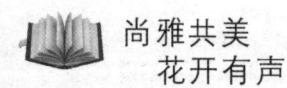

着就忽然明白了这句话的意思。如果实在读不懂，就可以去查阅作者当时的写作背景，来弄清这一句话的意思。

3. 热情友善，收获友谊。

在与朋友的交往当中，我收获了友谊与快乐！我喜欢交朋友。从一年级开始，我就喜欢上了我的同学们。我们互帮互助，互相鼓励。朋友多是一件很快乐的事情，可以使校园生活更加快乐、更加充实，也可以使心情更开心愉快。

4. 生活学习，严于律己。

作为一名小学生，我必须养成良好的学习习惯和生活习惯，所以我在生活中严格要求自己。我每周会做两篇英语阅读和一篇语文阅读，在每周三之前完成辅导班作业。我每天睡前会预习第二天上课学习的内容，或是读10~15页的书。假期中，我也会在 App 上预习英语，并且每天听20~30分钟的英语听力。

"天行健，君子以自强不息。"在新的学期里，我会更加努力，严格要求自己，激励自己，争取变得更好！

2023~2024第一学期雅行十佳少年名单

张宸伊、潘仲琛、张家源、卢迁羽、武金熙、黄鑫灵、路熙悦、赵恩、荆兴洁、李锴辰

济南市历城区洪家楼第三小学
张宸伊

我叫张宸伊，来自济南市历城区洪家楼第三小学。在学校老师的关心、教育下，在与同学们团结友爱的相处中，我由刚入学的小豆丁，成长为一名正在全面发展的雅行学子。作为一名少先队员，我能够严格要求自己，自我激励。老师给我的评价是：做事认真、主动，组织能力强。同学

们给我的评价是：活泼热情，举止大方。我给自己的评价是：充满自信，喜欢挑战。

1. 勤奋好学，乐观向上。

在学习上，我有一股钻劲儿。课堂上，我认真听讲，敢于提问；认真完成作业；碰到难题主动向老师或同学请教。正是这些好习惯促使我不断发展，并取得了丰硕的成果。我每年都被评为学校"三好学生"，多次获得"雅行好少年""雅行自主好少年""一星级奖章""阅读达人"等荣誉称号。

2. 坚持阅读，下笔有神。

我喜欢阅读，从儿时的漫画《父与子》到《小巴掌童话》，从《不一样的卡梅拉》到《绿野仙踪》，每一本书我都读得津津有味，废寝忘食。在不知不觉中，我养成了阅读的好习惯。坚持阅读、坚持打卡让我阅读了多种题材的作品，有效地拓展了知识面，提高了理解能力和写作水平。我在第五届"致敬英雄"阅读写作大赛中获得全国一等奖，在校园垃圾分类征文中获得历城区一等奖，在济南市七项技能大赛中获得写作类二等奖。阅读让我更加充实，更让我体验了"读书破万卷，下笔如有神"的快乐。

3. 多才多艺，兴趣广泛。

除了阅读，我也积极地尝试其他领域的学习，如书法、美术、朗诵、乒乓球等。在取得一些成绩的同时，我的兴趣也变得广泛了，眼界也开阔了。在历城区乒乓球比赛中，我代表学校参加女子团体比赛，并获得了银牌；在学校春季运动会中，我获得"沙包投准"比赛第一名；在济南市"国学小名士"比赛中，我成功晋级并取得优异成绩；在历城区诵读比赛中，我获得一等奖；在学校"蔷薇三小，各雅其雅"诵读比赛中，我获得二等奖。上学期，我还担任了学校亲子诵读比赛的小主持人，这次经历让我受益匪浅。课余时间，我还喜欢画画，把生活中美的东西画下来、记录下来，或装饰教室，或装饰房间，经常得到老师和家长的表扬。画画也锻炼了我的耐心，提高了我的审美能力。

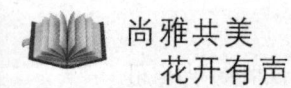

4. 热爱生活，积极实践。

自从成为少先队员，我始终严格要求自己。在家里我会定期整理书桌，帮父母做一些力所能及的事情。我开朗活泼，乐于助人，假期里会积极参加一些班级活动及社会实践活动。我积极保护环境，从不乱扔垃圾，还把小区里垃圾分类亭的知识讲给小伙伴听，宣传垃圾分类，热爱大自然的一草一木，是个热心的"环保小卫士"。

在洪家楼第三小学，我快乐着，成长着。我勇敢追梦，做更好的自己。这就是我，一个热爱生活、乐观向上的追梦少年。

济南市历城区洪家楼第三小学

潘仲琛

我叫潘仲琛，来自济南市历城区洪家楼第三小学。我是一名勤奋好学、爱好广泛、积极进取、乐于助人的学生。我的成长格言是：世上无难事，只要肯登攀。

1. 品德优秀，思想上进。

作为一名少先队员，我热爱祖国，热爱集体，热爱生活。在家里，我孝敬老人，关心父母，听话懂事，并能帮助父母做力所能及的家务；在学校里，我自觉遵守学校纪律和各项规章制度，尊敬老师，团结同学，热爱劳动，自觉维护学校公共设施；在社会上，我懂文明、讲礼貌，深受邻居喜欢。出门在外，我遵守交通规则，遵守社会公德，爱护公物，保护环境。生活中，我诚实守信，积极参加学校、班级以及社区组织的公益活动。

2. 勤奋好学，成绩优秀。

我热爱学习，学习态度端正，课前认真预习，课上专心听讲，课后及时复习。每学期"4321"过关我都以优异的成绩一次性过关，期末测试成绩综合评定全部为A。我多次被评为"三好学生""雅行好少年""雅行学习好少年""雅行之星"。我的假期作业每次都被评为优秀作业。

3. 爱好广泛，全面发展。

我爱好广泛，喜欢书法、绘画、围棋，同时喜欢跳绳、游泳、爬山、跑步等运动。2023年，在省、市、区跳绳比赛中，我获得多个单项第一名，并在山东省青少年跳绳联赛中获得"优秀运动员"的称号。

4. 读万卷书，行万里路。

"鸟欲高飞先振翅，人求上进先读书。"在学习课本知识之余，我还广泛阅读大量课外图书，这些书犹如一盏盏明灯照亮了我人生的前进方向。

我喜欢旅行，爬过气势磅礴的长城、雄伟壮观的泰山、风光秀美的黄山，游览过秀丽典雅的苏州园林、如诗如画的杭州西湖、古色古香的乌镇、碧海蓝天的三亚……旅行让我感受到大自然的美好，领略到不同的风土人情，不仅增长了见识，还让我深刻领悟到祖国的日渐强大。

成绩只代表过去，今后我会更加努力，继续以雅行少年的标准严格要求自己，为学校、为班级争光，为自己的人生添彩。相信我的未来一定会飞得更高，飞得更远。

济南市历城区洪家楼第三小学
张家源

我是来自济南市历城区洪家楼第三小学的张家源。老师的谆谆教导，父母的悉心培养，在我幼小的心灵中播下了一粒粒健康向上的种子，帮助我成长为一名品学兼优的好学生。

1. 团结同学，热爱集体。

我生活在一个团结、友爱、积极向上的班集体。我严格要求自己，时刻铭记入队誓词，关心集体，尊重师长，涵养高尚情操，心怀远大理想。

作为班长，我时刻铭记，班长的职责不仅要协助老师管理班级，更应团结同学，以身作则。虽然工作忙碌，但是我仍愿意为集体贡献我的力

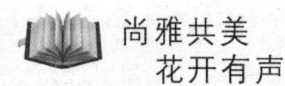

量，热心为同学服务，做老师的得力助手，用实际行动为大家树立榜样。这不仅锻炼了我多方面的能力，也体现了自我价值，让我收获了快乐。

2. 勤奋好学，积极上进。

在生活中，我是一个积极向上、阳光善良的男生；在学习上，我勤学好问，善于思考。在课堂上，我认真听讲，积极思考，勇于发言；课后及时复习，主动完成作业；遇到难题时，独立思考，不轻易放弃。良好的学习习惯，为我不断提高个人素质打下了坚实的基础。自一年级起，每学期我都被评为"三好学生"，还荣获"书香少年""雅行标兵""雅行自主好少年"等称号，在红领巾争章系列活动中多次荣获"一星级奖章"。

3. 全面发展，兴趣广泛。

我的兴趣爱好广泛，绘画、书法、跑步、踢足球都是我喜欢的活动。除了日常坚持练习外，我还积极参加各级各类活动。在学校举办的"蔷薇三小，各雅其雅"系列活动中，我荣获科幻画一等奖、绘画一等奖。我在济南市第36届青少年科技创新大赛选拔赛中荣获一等奖；获历城区小学生科学素养展示赛二等奖；获"追梦星少年"书法一等奖；获"齐鲁未来星"书法一等奖。在去年学校举行的春季运动会上，我荣获三年级男子200米决赛第三名。通过参加文体活动，我磨炼了意志，陶冶了情操，也在活动中收获了友谊。

4. 坚持读书，开阔视野。

我深知成长过程中读过的书、走过的路，最后都会成为生命的一部分。无论一天的功课有多忙，我都挤出时间读书。除了读每学期的必读书目外，我还读科技、历史类图书，不断充实自己。广泛的阅读开阔了我的眼界。通过阅读，我接触到各种各样的知识和信息。

5. 尊敬长辈，热心公益。

我坚持自己的事情自己做，并帮助父母做些力所能及的事情。同时，我遵守社会公德，热心公益活动。我还是家里的低碳宣传员，告诉妈妈洗菜的水要浇花，洗衣服的水要冲马桶，用过的易拉罐、包装盒做成小收纳盒或者卖废品。

成绩只代表过去，每天都是新的开始。未来，我一定怀揣着梦想的种子，全力以赴，笃志前行，争做新时代的先锋少年。

济南市历城区洪家楼第三小学
卢迁羽

我叫卢迁羽，来自济南市历城区洪家楼第三小学。我自进入洪楼三小以来，就受到"雅行"教育的熏陶。在阳光雨露的滋润下，我像一粒充满生命力的种子，发芽、出苗、茁壮成长，立志成为一名德智体美劳全面发展的雅行少年。

1. 学业发展。

在学习方面，我上课认真听讲，积极发言，各科成绩均为A。我认真书写作业，我的作业经常被评为优秀作业；我善于思考，对许多问题有独到的见解，并能举一反三。在各方面严格要求自己的同时，我还积极帮助同学，给同学耐心讲解课堂上的知识点，有不懂的问题就主动请教老师或跟同学讨论。我是英语课代表、体育委员，多次荣获"三好学生""优秀班干部""优秀少先队员"称号。

2. 品德发展。

在思想上，我时刻要求自己热爱祖国，热爱人民，热爱中国共产党。从光荣地加入少先队那天起，我时刻以少先队章程来规范自己的言行举止。

在学校里，我尊敬师长，团结同学，积极参加班级活动。每次集体活动，都能看到我快乐的身影。我积极参加"红领巾爱学习"、建党百年诵读等活动。每当我看到五星红旗冉冉升起时，对祖国的热爱从心底油然而生。

在班主任邢建梅老师的带领下，在全体同学的共同努力下，我们班被全国少工委评为"2023年度全国红领巾中队"。

习爷爷经常鼓励青少年学榜样、做榜样，叮嘱青少年："心有榜样，就是要学习英雄人物、先进人物、美好事物，在学习中养成好的思想品德追求。"我多次参观济南战役纪念馆、解放阁，了解革命历史，缅怀革命先烈，传承优良传统。

作为"王立谋中队"的一员，我积极参加"致敬抗美援朝英雄，争当新时代好队员"活动，积极参与讨论主题队会，探访英雄足迹，参加"我心中的英雄"主题演讲比赛。

为迎接党的二十大胜利召开，我积极参加"喜迎二十大，强国新征程"文艺演出，与全班同学共同编排的节目——《我爱你，中国》，深受全校师生喜欢。

3. 社会实践。

在社会中，我是一名称职的小公民。我遵纪守法，爱护环境，不随手乱扔垃圾；遵守交通秩序，不乱穿马路；珍惜粮食，积极践行光盘理念；把自己的压岁钱捐赠给"童善美育进乡村艺暖包计划"。

我积极参加班级和学校组织的各类社会实践活动，多次参加博物馆、科技馆、美术馆的研学活动；参加植树节活动，积极践行环保理念；走入历城环卫公寓，和环卫工人深入交谈，了解到了他们工作的不易；参加重阳节系列活动，生活中切实做到尊老敬老。

4. 艺术修养。

我兴趣广泛，喜欢探索，热爱音乐、绘画和书法，这些活动丰富了我的心灵世界。当优美的旋律从我的指尖流淌出来，我的心灵也得到了洗涤；当五彩的画笔在纸上跳跃，我仿佛也跟着游遍了祖国的大好河山；当墨香浸润了我的灵魂，我仿佛跟历史完成了一次对话。

5. 身心发展。

少年强则国强。作为中国的少年，我们必须有一个健康的体魄，拥有良好的身体素质。我积极参加班里的各项体育活动，坚持按时参加体育课、大课间、眼保健操等活动，并且成功当选体育委员。我积极参加学校运动会个人单项及团体比赛，并在女子 4×100 米接力赛中获得年级第三名。

6. 劳动习惯。

热爱劳动是中华民族的传统美德，是一代代流传下来的宝贵品质，是我们当代青少年应有的精神。每一次值日，我都早早地来到学校打扫卫生，按时、认真完成值日劳动。在家里，完成作业后，我积极承担力所能及的家务劳动，自己的小件衣服尽量自己清洗。同时，我积极参加学校和班级组织的各种劳动服务、志愿服务，爱惜爱护他人的劳动成果。

7. 踔厉奋发，笃行不怠。

雅行卓越好少年，胸怀大志为圆梦！我的成长离不开学校和老师的辛勤培育。在今后的日子里，我将以更高的标准要求自己，向着新的目标和方向继续前行，踔厉奋发，笃行不怠，为实现梦想不懈努力，争做新时代好队员，力争成为一名合格的社会主义建设者和接班人！

济南市历城区洪家楼第三小学
武金熙

我是济南市历城区洪家楼第三小学的武金熙，一名德智体美劳全面发展的五好青少年。我热爱学习，追求进步，不仅是老师的好帮手，更是同学的好榜样。作为一名少先队员，我尊敬师长，关心同学，努力用自己的一言一行，体现新时代中国社会主义青少年的美好品质。

1. 虚心好学，兴趣广泛。

"书山有路勤为径，学海无涯苦作舟。"我热爱学习，平时刻苦努力，勤于思考，课堂上积极发言，养成了自主学习和自我探索的好习惯。我对于数学的学习具有钻研的韧劲，其他科目也都同频进步。我多次被评为"三好学生"。我热爱阅读，喜欢绘画。通过大量地阅读图书，我的写作水平也得到了显著提高。课外时间，我对编程和人工智能也比较感兴趣，在济南市第二十三届少年儿童七项技能大赛中荣获"机器人与人工智能"小学组一等奖。

2. 团结同学，以身作则。

作为班长，我不仅是老师的得力小助手，同时是班级的小模范。秉承着"帮助别人，快乐自己"的观点，这成为我和同学们友好相处的"小妙招"。在学校里，我积极配合老师组织并参加了历城区消防大队、畅快"森"呼吸——触摸春天、蓝天救援队、爱眼探索营等一系列活动。在平时的学习和生活中，我主动帮助同学；在班级劳动中，我主动承担脏活累活，从不计较得失。在红领巾的召唤下，我光荣地成为一名少先队员，并担任执旗手。当队旗在我手中高高飘起的那一刻，我的心中充满着前所未有的骄傲。

3. 热爱运动，强健体魄。

我不仅在学习成绩上名列前茅，还积极参与文体活动。游泳、骑行、跳绳、篮球等都是我热爱的项目。强壮的体魄、阳光的心态，正是我们青少年最美好的姿态。运动不仅让我强健了体魄，同时让我变得更加阳光开朗。这份阳光向上的精神也带动了身边更多的人！

4. 尊老爱幼，乐于助人。

作为一名有爱心的少年，我始终认为帮助他人也能让自己获得快乐，正所谓"赠人玫瑰，手留余香"。寒暑假期间，我会在城市的各个景点里做小小志愿者，为外地游客提供帮助。在家里，我尊老爱幼，经常帮助姥姥姥爷打扫卫生，为父母分担力所能及的家务，让家庭氛围更加和睦且其乐融融。

"小荷才露尖尖角。"在以后的学习和生活中，我会更加严于律己，刻苦学习，立志成为祖国未来的栋梁。正所谓"少年强则国强"。作为祖国的未来与民族的希望，我一定肩负使命，不断鞭策自我，振翅翱翔，成为新时代的好少年！

济南市历城区洪家楼第三小学
黄鑫灵

我是济南市历城区洪家楼第三小学的黄鑫灵。我听党话、跟党走，时刻将红领巾作为自己的精神指引，是辅导员老师的小助手，是队员们的好榜样。

在"客厅变书房，书海乐徜徉，全家共成长"环境里长大的我，在海量阅读中逐渐锤炼出乐观、善良、包容的性格。2022年8月，我和妈妈作为济南市唯一代表登上了2022"养教有方"山东省智慧家长颁奖礼的舞台，分享我们家庭"上书房"的故事。

正是在这种价值观的引导下，我不惧怕各种困难，在学习生活和少先队工作中，完成了一次又一次挑战，也取得了一些成绩。

1. 勤奋好学，品学兼优。

我一直勤奋学习，成绩优秀，被评为"三好学生"；2022年6月，获得济南市"优秀学生"荣誉称号；2023年12月，获得历城区好少年以及历城二星章等荣誉。在课前积极预习、课上专注听讲、课后认真作业三要素的陪伴下，我逐渐进入了高效学习、快乐学习的良性循环。

2. 多才多艺，兴趣广泛。

我爱好广泛。不管是中国舞，还是演讲朗诵，我都坚持每日练习。从三年级开始，我就多次主持学校音乐会、诵读会、开学典礼，并在大赛中多次荣获一等奖。

在海量阅读的带领下，我逐渐成长为一名出色的红领巾宣讲员，多次参与市级、区级、校级少先队宣讲活动，用我温暖的微笑和生动的语言获得了领导、老师们的一致好评。

3. 热爱集体，积极向上。

作为少先队宣传部部长、中队长，我一直在用自己的行动积极主动配合老师的工作。在学校的红领巾雅行文明岗上，我认真负责，坚守岗位，

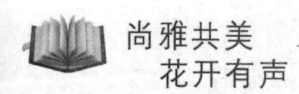

多次获得"优秀文明岗"的荣誉称号。

4. 身心健康，全面发展。

在父母及老师的引导下，我从小养成了良好的个人卫生习惯，并且了解、认识、熟悉健康卫生常识。在家里，我经常帮大人做一些力所能及的家务。学习生活之余，我还通过各种运动来强身健体。

所有的荣誉都属于过去。未来的日子里，我会继续发扬我的优点，同时查找自己的不足，努力把自己塑造成有创新、有胆识、有作为的雅行十佳新时代好少年。

济南市历城区洪家楼第三小学

路熙悦

我是来自济南市历城区洪家楼第三小学的路熙悦，是一名知书达礼、自信上进的女孩。

我热爱祖国，思想品德端正。作为一名光荣的少先队员，我爱护国旗，积极参与红色教育活动；自觉遵守学校纪律和公共秩序，热爱集体，积极参加班级活动；尊敬师长、帮助同学，积极维护学校、班集体利益。

1. 知书达礼，国学滋养天性。

7岁之前，对《弟子规》《千字文》《道德经》《论语》等传统文化图书我已能全文熟读成诵。受传统文化的滋养，我心性比较成熟，脾气性格温厚，学习专注力较强，现在每年阅读课外书超过100本。曾荣获学校"国学小名士"选拔一等奖，两次被学校评为"书香少年"，并在全省第二届国学娃娃经典诵读活动中获"优秀国学娃娃"荣誉。

2. 勤奋学习，学习习惯良好。

我学习刻苦，积极进取，方法正确。自小学一年级至今，每学期每门功课都是A，每学期都被评为校"三好学生"。先后担任过班长、少先队中队长、纪律委员，语文、数学、英语、音乐课代表等。我担任过五次经典诵读的小考官，一次十佳少年的评委。我先后被评为学校"雅行好少年"、"居家雅行自主好少年"、"自律好少年"、"讲题小达人"、济南市"优秀学生"等，个人事迹多次在学校公众号上展播。

3. 乐于奉献，合作意识较强。

我与人为善，乐于帮助同学，经常利用课余时间和同学组成临时学习小组，相互探讨交流数学思维等方面的解题思路，帮助有短板的同学补习功课。我集体荣誉感较强，积极参与体育活动，按时、认真完成值日劳动，在济南市示范性综合实践（研学）基地实践活动中被评为"优秀营员"。我孝老爱亲，在家庭中能够承担力所能及的家务劳动，耐心辅导弟弟完成作业，积极参加"西部助学"慈善公益活动，定期向贫困地区的儿童捐助学习基金。

4. 敢于尝试，兴趣爱好广泛。

我愿意尝试新鲜事物，敢于突破自己。课余时间，我喜欢书法、写作、魔方、竖笛、围棋、剪纸、跆拳道、游泳等，能够积极参加各类考级、比赛活动，并从中收获成长的快乐。在第五届"致敬英雄"全国青少年文化艺术创作主题教育竞赛中获山东省二等奖，在历城区"执文明之笔，绘幸福画卷"校园垃圾分类征文活动中获三等奖，被评为济南市2023~2024学年度市级"优秀学生"。

济南市历城区洪家楼第三小学
赵恩

我是来自济南市历城区洪家楼第三小学的赵恩，担任过副班长、副体育委员、副信息委员、纪律委员。最近几年一直被评为学校"三好学生"。

1. 学习刻苦，严于律己。

我是一名学习勤奋、表现积极向上的学生。上课时，我认真听讲，积极回答问题；下课后，按时完成作业，巩固新知识，主动阅读课外书，积

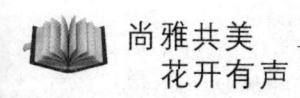

累的知识和见闻也越来越多。我礼貌待人，尊重师长和同学，积极进取，乐观向上。我勤俭节约，从心底里热爱我的小家庭，也热爱学校的大家庭。我热爱劳动，在家做一些力所能及的家务；生活中自强自立，坚韧不拔；日常烦琐的小事，都是我自己解决。

2. 热爱体育，强身健体。

在日常生活中，我积极参加体育锻炼，和朋友一起跑步、打篮球、打羽毛球、打网球、打乒乓球、踢足球、跳绳等。我也积极参加学校及历城区运动会，参加实心球和垒球的角逐，获得了校级垒球一等奖和实心球二等奖的好成绩。我深知只有好好地锻炼身体，劳逸结合，才能更好地成长。

3. 喜爱钢琴，坚韧不抛弃。

我热爱钢琴，它就像我知心的朋友。从一年级到六年级，钢琴一直陪伴着我。我也曾遇到困难和挫折，但精诚所至，金石为开。坚持自己的热爱是最勇敢的事。到现在我还记得小时候对老师的许诺："只要学了这件乐器，不管多困难，我一定会坚持下来。"日常学习和学钢琴的道理是一样的，都是需要付出很多的精力、耐心和时间。目前我已考过了钢琴九级。我把学钢琴的坚韧精神也运用到了对学科知识的汲取当中，受益匪浅。另外，我参加了学校的民乐社团，一直学习二胡，参加校园演出，丰富了学校的课余生活。

4. 热衷科技，勇攀高峰。

在暑假，我和我的小伙伴一起组队参加了"全国青少年劳动技能与智能设计大赛"。通过不断挥洒的汗水和永不放弃的努力，我们闯过了济南市赛、山东省赛，一路进入全国决赛，最终获得了全国决赛一等奖。所有的付出都有回报，为之努力的所有人都欣喜不已，这段经历给予了我们很大的信心和激励。

时光荏苒，我们都在慢慢地长大，从蹒跚学步的孩童长成了能独立学习、独立思考、独立解决问题的好少年。希望日后我能和大家一起成长，在学习的道路上一路生花,越来越优秀,越来越自信、阳光。

济南市历城区洪家楼第三小学
荆兴洁

我是来自济南市历城区洪家楼第三小学的荆兴洁,担任学校少先队文艺部部长、中队宣传委员。我乐观自信,是老师的小助手,同学们的好伙伴。

1. 勤奋好学,品学兼优。

在学习上,我踏实努力,一直保持着认真、持之以恒的学习态度。长期以来,我逐渐养成了良好的学习习惯,坚持课前认真预习,圈画出重要的知识点,做到有针对性地预习;课堂上,自觉遵守课堂纪律,勤学善思;课后认真完成老师布置的各项任务,并时常复习所学课程的重要知识点。我的学习态度得到了各科老师的一致好评,学习成绩名列前茅,作业完成情况达到较高水准。连年获得"三好学生""雅行好少年""书香少年""自律小达人"等荣誉称号。我每天坚持阅读,涉猎广泛,多年来养成了爱读书、会读书、读好书的好习惯。这也激发了我写作的兴趣,现在,我是大众日报小记者团成员。

2. 热爱劳动,热爱公益。

我热爱劳动,坚持每天整理自己的学习用品和生活用品,帮妈妈收拾打扫房间,利用节假日跟爸爸学习做简单的菜。我在这一系列的家务劳动中,既锻炼了自己的动手能力,又帮父母分担了一些小家务,让父母有更多的时间休息。我集体荣誉感强,争做环保小卫士,爱护班级和校园环境,节约每一滴水、每一度电。

业余时间,我热衷于公益活动,坚持为贵州贫困山区和中华少年儿童慈善救助会的贫困儿童奉献爱心,尽自己一份微薄之力,让更多的山区儿童感受到爱和温暖。我是济南战役纪念馆优秀志愿讲解员,山东省文化馆

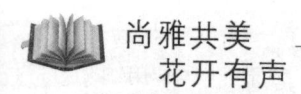

"中宣部"青少年志愿者，大众日报社"小记者"。我在生活中一直践行奉献、友爱、互助、进步的志愿服务精神。

3. 德智体美劳全面发展。

我积极拓展兴趣范围，努力练就过硬本领，强健体魄，争取做全面发展的接班人。我喜爱写作、书法、宣讲、声乐演唱、钢琴和短跑。三年来，我获得全国、省、市、区、校的各种奖项60余项。我平时坚持锻炼，增强身体素质，是一名短跑小健将。我曾在校运动会上获得年级100米第一名和200米第三名。

4. 热爱红领巾，童心向党。

我热爱祖国，坚决听党话，跟党走，发挥自己所长，传承红色基因，积极宣讲红色故事。在学校各级领导和辅导员老师的关怀和培养下，我努力成长为一名优秀的少先队员。我积极参加各项少先队活动，在校领导的悉心指导下，光荣地参加了共青团济南市第十八次代表大会、中国少年先锋队历城区第四次少代会献词。

"宝剑锋从磨砺出，梅花香自苦寒来。"在今后的学习和生活中，我将继续锐意进取，不断进步，以自己的实际行动激励和带动身边的同学，一起为红领巾增光添彩，将新时代雅行好少年的精神发扬光大！

济南市历城区洪家楼第三小学

李锴辰

我是李锴辰，来自济南市历城区洪家楼第三小学。我是一个乐观向上、自强自律、为人善良的阳光男孩。

1. 严以律己，勤学善思。

在学校，我以身作则，时刻当好老师的小助手，做好表率，跟同学们一起进步。在学习上，我学习态度端正。在课堂上，我认真听讲，积极思考，勇于发言。课后，我按时高效地完成作业，及时复习巩固，也能提前预习。我热心帮助同学解决难题；勤学善思，和大家一起进步。入学以来，我的各科成绩一直保持全A水平，并多次获得"优秀班干部""三好学生"等荣誉称号。

2. 少年好读书，启心亦明识。

书籍是人类进步的阶梯。多读书，能够陶冶情操，丰富思想。我喜欢历史书，看看我们泱泱大国上下五千年的历史，读史可以明智，知古方能鉴今；我也喜欢推理小说，一个个生动精彩的故事，让我学会了探索和思考，同时培养了我的逻辑推理能力。

3. 人生在勤，勤则不匮。

劳动不仅是一种技能，还是一种美德。在家中，作为家里的一分子，我经常跟父母一起打扫卫生。我能做出香喷喷的花卷，也能做出美味无比的三明治，爸爸妈妈都夸我是劳动小能手。爸爸妈妈还会带我去体验农忙的快乐。劳动过后，我也更加深刻地体会到"一粥一饭，当思来处不易"。劳动可以锻炼身体，培养意志力和毅力，学习生活技能和社会知识，创造出美丽的成果。人生在勤，勤则不匮。美好的生活都是靠劳动创造出来的。

4. 多才多艺，爱好广泛。

在学习之余，我也努力发展自己的业余爱好：我喜欢在安静的教室里画画、练书法；我也喜欢在足球场上挥洒汗水，感受奔跑的快乐；我更喜欢在聚光灯下激情澎湃地朗诵；时而我也参加街舞的演出，感受舞蹈的魅力。每一次历练都是成长，始于兴趣，久于热爱，终于坚持。

我兴趣广泛，目前我已经取得口才十级、书法八级、绘画七级的优异成绩。我还有幸参加了学校举办的足球社团外出集训。书法、绘画锻炼了我的运笔，也稳固了我的心境。2023年，我曾在"蔷薇三小，各雅其雅——厚植家国情怀"绘画比赛中荣获一等奖；我也曾获得稼轩文学院朗诵比赛一等奖；在第九届"蔷薇三小，各雅其雅"才艺PK朗诵大赛中，我荣获二等奖；在学校举办的运动会中，我每次都在短跑比赛中稳居第一；2024年2月，我曾担任本班的红领巾讲解员，讲解红色故事，赓续红色基因。

5. 从小立志，勇攀高峰。

我一直以少先队员的标准严格要求自己，带动身边每一位同学，做一个踏实好学、勤奋努力、德智体美劳全面发展的新时代好少年。

我立志用自己的实际行动，不负韶华，做一个名副其实的"雅行十佳少年"！

二、家长篇

家庭教育最美志愿者

济南市历城区洪家楼第三小学

张梓萱妈妈

我是济南市历城区洪家楼第三小学张梓萱的妈妈。在家校科学合作与教育理念的影响下,在素质教育大目标的指引下,各种教育资源得到了最大化的整合。家校合作共育方法的配合最大限度地开发了学生的潜能,促进了学生的全面发展。从孩子们2019年9月入学后,我开始申请并加入了志愿者服务队。我自加入志愿者服务队以来,积极发挥沟通、服务、参与的作用,通过加强自身建设,互相信任,平等合作,真诚沟通,积极开展多种班级活动,讲求家庭教育与学校教育、社会教育紧密结合,为建设有特色的班级文化建言献策。我们的宗旨是:一切为了教育,一切为了孩子们快乐地茁壮成长。时间过得真快,转眼间孩子们已经四年级了。在老师们的鼓励下,在家长们的理解和支持下,我们为孩子们组织了多次有意义的活动,为孩子们开阔了视野,增长了知识!

(一)协助班级组织参观、学习、公益等相关活动。

2019年10月,我们开展了第一次班级活动——红叶谷赏红叶一日游,希望孩子们能够通过赏红叶,体悟大自然的美丽,增进彼此之间的了解。

2020年1月,利用假期时间在洪家楼广场开展了"禁放烟花爆竹,共建美丽泉城"的社会实践活动。本次活动的目的是让学生意识到燃放烟花爆竹带来的潜在隐患,并通过室外宣传活动,让更多的人了解到济南市禁放烟花爆竹的政策,同时增强自己的环保意识。

2020年11月,为丰富校园文化生活,增强学生的身体素质,培养其

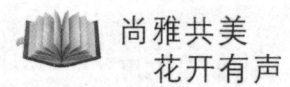

团队合作意识，我们举行了秋季趣味运动会，用运动的方式与未来对话。

2021年春季，在中国共产党成立一百周年之际，我们组织孩子们举行了一场"雅行闪耀跟党走，寻找发光的你"大手拉小手活动。

2021年暑期，在党和国家的倡导下，在学校以及各位辅导员老师的引导、支持下，我们开展了丰富多彩的暑期活动：参观省博物馆、读红色图书、看红色电影、争做环保小卫士。这不仅坚定了队员们跟党走的信念，还树立了其爱护环境、注重环保的理念。

2021年9月，我们组织同学们走入历城环卫公寓，和环卫工人深入交谈，了解到了他们工作的不易，同时，环保的理念也在同学们心中生根。同学们将手工做的月饼送给了这些最可爱的人，感谢他们为城市洁净做出的努力。

2021年11月，在历城团区委的帮助下，在学校老师的支持下，我们带领队员们来到"雷公"孔庆三的战友王立谋爷爷家中，用心倾听老英雄军旅生涯的故事。

2022年3月，在中队辅导员邢建梅老师的支持下，我们组织了植树活动。这不仅激发了队员们爱林造林的热情，还使他们意识到了爱护树木的重要性。

2022年6月，为彰显新时代儿童蓬勃成长的精神状态，我们一起协助中队精心编排了节目——《我爱你，中国》。

2022年10月，为了解更多保家卫国而牺牲的英雄们，中队组织了参观解放阁的活动。队员们懂得了如今美好的生活来之不易，接受了一场爱国主义教育。

2023年2月，我们协助中队组织了"大手拉小手，在孩子们心中种下科学的种子——参观山东省交科院"活动。

2023年3月，在学校领导的带领下，我们来到济南英雄山烈士陵园缅怀革命先烈，致敬革命英雄。爱国的信念是可以传递的，英烈的精神也是可以传递的。队员们暗暗下定决心，一定要强健体魄，为中华之崛起而读书。

2023年3月，在学校的大力支持与带领下，我们组织了"于繁花处展现笑颜，在快乐中享受春天"春游活动。队员们在系列活动中磨炼了意志，锻炼了体魄。

（二）让孩子通过活动学会总结，增长知识，促进成长。

每次活动结束后，同学们都会主动根据活动内容和过程，写一篇日记、心得或者制作手工制品。通过这种方式，同学们重温活动，学会总结，传承精神。家长也会参与活动总结，增进了亲子关系。

（三）志愿者服务是一项非常有意义的工作。

第一，通过活动，我收获了可贵的友情。大家来自不同的年龄段，从事着不同的工作，为了可爱的孩子们，不约而同地走到了一起。工作之余，我和志愿者们一起值勤护校，在网络上一起交流育儿经验、探讨活动体会，共同为家校共育的发展出谋划策。我认识了更多的朋友，既开阔了眼界，又收获了友情。

第二，通过活动，我收获了快乐的心情。我们家长之所以能够聚到一起，是因为我们热爱生命、热爱生活！因为我们关心和爱护自己的孩子，所以我们关心和爱护孩子所在的学校、所在的班级，关心、爱护和孩子同在一片蓝天下共同学习和成长的其他孩子。孩子的健康、平安是我们家长共同的心愿。加入学校的志愿者服务队为孩子们做点事，为学校做点事，一直是我的心愿。送人玫瑰，手有余香；送人灯盏，心有余光。在义工活动中，我付出了爱，也从中收获了爱。我给别人带来快乐的同时，自己也得到了快乐。

第三，通过活动，我体验了成长的过程。活动开展的过程也是我们家长不断成长、不断完善和不断提升的过程。

回顾几年来志愿服务的每一幕，我只是其中普通的一员，只有一颗乐于奉献的爱心，愿意温暖一个又一个需要我的人；我没有惊天动地的壮举，只是用点点滴滴的实际行动，回报社会，支持教育，服务他人；我没

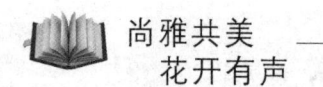

有获得丰厚的物质回报，但却充实而快乐。我会继续为学校发展、班级建设和孩子们的成长贡献自己的一份力量！

济南市历城区洪家楼第三小学

惠杨帆妈妈

一部《你好，李焕英》火遍大江南北。"我的女儿，我只要她健康快乐就行了"这句台词，让大家重新审视亲子关系。父母怎样更好地陪伴孩子成长，怎样在家庭教育中起到关键作用，是父母考虑的首要问题。没错，我有两个女儿，可能在别人眼里，她们不是那么完美，但是她们却让我感到无比幸福。只要听到她们喊我一声"妈妈"，我的所有烦恼都没有了。在孩子的成长上，对于怎么教育，我认为，与其和孩子当母女，不如跟她们做闺蜜。我们常说孩子最需要的是陪伴，但陪伴不是你在身边就好，而是要走进孩子的内心，以好朋友和引导者的姿态参与孩子的成长与生活。这种陪伴远比给孩子一个手机来得更有效、更有温度，也会给孩子留下美好的童年记忆。

偶然间看到《牵一只蜗牛去散步》，看完以后我恍然大悟，感触颇深。我不禁惭愧，又不禁欣喜，仿佛得到了怎么和孩子耐心相处的强大秘籍。想想自己之前打着"都是为了你好"的旗号，是怎样对待孩子的呀！想起孩子刚学写字的时候，我迫不及待地希望她写得好看，一遍一遍让她擦了重写。看着她小小的手指被铅笔磨出了茧子，我甚至还没有觉悟到，孩子已经在非常尽力地练习书写了，而我看到的只是书写姿势不正确、横竖撇捺不规范、大小不一不整齐。殊不知她只是慢，因为她也想写得让我满意，我却一遍遍唠叨她，直到我觉得满意为止。一幕幕情景像过电影一样从我脑海中飘过：吃饭的时候催着她赶快吃，穿衣服也催着她赶紧穿。于是我深刻反思自己，我是不是错了？天天嘴中说的教育理念呢？天天说的要成为孩子最好的倾听者呢？我把自己的主观思想都强加给了孩子，却忽略了她自己的意愿。

养育孩子，就像牵着蜗牛去散步，我们应该放慢脚步，倾听孩子内心的真实想法，多一些耐心和尊重，少一些焦虑和脾气，慢慢掌握孩子的自然成长规律，不慌不忙，让孩子的小手牵着我们的大手一起前进，温柔对待我们的孩子，真正从内心感受和爱我们的孩子。

（一）最高质量的陪伴——带孩子走进书的海洋。

亲子共读大概是我在育儿道路上做得最持久的事情了。从大女儿出生，我就给她读绘本。她两岁多已经认识很多常用字，三岁多就能自主阅读简单绘本，到幼儿园大班已经能读懂不注音版的小学图书了。还记得她刚上一年级的时候，语文老师就表扬她识字量大、读的书多，并且能用四字成语来造句，让她带领同学们晨读。还记得她小时候，每次过生日或节日，她都不像其他小朋友一样，说想要好吃的或是好玩的，每次都跟我说："妈妈，你能给我买一套书吗？家里这些书都看完了。"我想说，亲子共读不仅仅让孩子"无痛"识字，还能增强亲子之间的感情。到了大女儿能自己读书的时候，小女儿又出生了，我又和小女儿一起讲故事，继续做这件事情。日复一日地坚持，我发现小女儿会跟大女儿学习。看见姐姐读书，她也会主动拿起自己的书让姐姐读给她听。也许这就是榜样的力量吧。

有一天，孩子说："饭可以一日不吃，觉可以一日不睡，书不可以一日不读。"这是毛泽东爷爷说的。我发现孩子的见识也在不断读书中变得广阔，从她喜爱的历史故事《资治通鉴》《写给孩子的中国历史》，到四大名著《红楼梦》《西游记》，到经典古文《论语》《弟子规》，再到轻松愉快的《笑猫日记》《米小圈上学记》，再到惊险刺激的《猫武士》等，她都看得津津有味，会主动给我讲她喜欢的人物和每个人物的性格特点。我想这就是她的精神食粮吧。这是我陪读过程中觉得最有意义的事情了。孩子，书中自有颜如玉，书中自有黄金屋。愿你从书中成长，做更好的自己。

(二)当我遇见一个人——我最想和她成为闺蜜的人。

在孩子小时候，我读过很多如何养育孩子的书，如《捕捉儿童敏感期》《当我遇见一个人》《正面管教》《最温柔的教养》等。我从这些书中学到了很多和孩子的相处之道。我有一个梦想，就是和孩子成为无话不说的朋友。不能因为我是妈妈，就应该一切都听我的安排。孩子需要把自己的想法毫无保留地说出来。我觉得这个过程很难。父母不应该摆架子，要和孩子平等地沟通。

后来我发现，这个梦想也不是很遥远，因为我们有很多共同语言。虽然我们相差26岁，但是我们拥有共同的爱好（爱读书、爱学习、爱吃美食、爱听音乐等）、共同的话题（一起分享读后感、一起逛街买衣服、一起听故事等）、共同的优点（自律、做事坚持、认真对待每一件事等）、共同充满爱的心（百善孝为先、尊老爱幼、同情弱者等）。从上幼儿园开始，孩子每天晚上都给我说很多幼儿园里的事情。我希望做孩子最好的倾听者，孩子也会关心我的工作。我很欣慰，很开心，能和孩子促膝长谈。我们不仅是母女，更是好朋友、好闺蜜。

我非常愿意做孩子班级的家委会工作，会经常参加孩子的班级活动，感受孩子平时的学校生活。从幼儿园到小学，我一直担任孩子班级家委会的工作，不仅仅是为了做更好的家校共育，也希望更好地融入孩子们的生活，体验孩子们的学习过程。我的努力和细心也被老师看在眼里，数次获得"优秀家长"的奖状。我知道这是孩子给我的机会，让我更加肯定自己，坚持为班级服务。我自知，做优秀家长还需要继续努力实践。有时候我也会带孩子一起做我的工作，也让孩子更加了解我。读万卷书，行万里路。出去旅游开阔孩子的视野也很重要，所以有时间我会带孩子去她想去的地方。

我们家庭中的好故事不只是这些。家庭教育任重而道远。爱是双向奔赴，成长也是相互的。我想很多父母并不知道自己的孩子有多爱你们，多依赖你们。其实不只是孩子需要成长，父母更需要跟着孩子一起成长。不只是我们照顾孩子，也要给孩子照顾我们的机会。这种共同成长更有意义！

生活的路很长，孩子的人生才刚开始。我们要慢慢等待孩子成长，做孩子最坚实的臂膀，做孩子最好的榜样。陪伴是最长情的告白。

济南市历城区洪家楼第三小学
韩文娟

我叫韩文娟，一名普普通通的志愿者，一直秉持"赠人玫瑰，手有余香"理念，相信人的最终成长是从有"利他"精神开始的。

第一次对公益志愿者的认识是在大学时期学校组织学生参加无偿献血志愿活动。时任山东省血液中心无偿献血宣讲员的阎保华老师，为我种下了"帮助别人就是帮助自己"的信念。此后我坚持每年献血两次，直到准备做妈妈。我因献血累计量突出，于2019年获得山东省献血办颁发的荣誉证书。

联合国将志愿者定义为"不以利益、金钱、扬名为目的，而是为了近邻乃至世界进行贡献活动者"，指在不为任何物质酬劳的状态下，能够主动担当社会责任，并奉献个人的时间及精神的人。在国家倡导全社会弘扬公益精神，人人自觉履行公益责任、义务，人人讲公益、处处践行公益善举的氛围中，我积极投身到志愿者活动中。自2016年至今，我坚持每年下乡送温暖，关注"一老一小""一贫一困"的生活现状。我多次组织参加中小学生的公益活动，为济南市的志愿者工作做力所能及的贡献。

2016年，我去南山藕池村幼儿园送温暖，帮助愿意奉献的人完成心愿；为留守儿童幼儿园募集慈善款物，让他们在寒冷的冬季园舍里感受到来自社会的关怀。2017年，我开始不定期为南山西营孤老送物资，使失独孤寡的老人得到救助。2018年，开始组织孩子所在的班级参加各种社会公益活动。2019年，我为垃圾分类做义务宣传。2020年，我参加陪伴

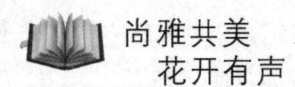

"星星的孩子"公益活动。2021年，我参加为孤独症儿童读书的志愿活动。2022年，我为南山绣川中心小学募捐书籍，为济南弘愿小动物保护中心募捐狗粮。2023年，我为南山大水井小学募捐科学教学物资。

2015年，我成为家委会成员，积极践行家校共育，切实做好学校和家长的桥梁。自2019年开始学习家庭教育，我认识到家庭教育的重要性，积极参加学校安排的家庭教育课程，配合学校完成各项家委会工作。

2022年，我作为联合出资人成立了"济南市爱在益启社会工作服务中心"，通过大量的慈善捐助和义工活动，在需要救济的人群中播撒爱的阳光雨露。这个服务中心提倡树立"我为人人，人人为我"的社会理想，带动身边的热心人士投身公益事业，从认知上意识到公益宣传的重要性。未来，我会以更大的热情投入志愿者工作，把公益宣传作为重中之重，帮助更多的人认识公益、参与公益，将公益作为一生的事业为之奋斗。

三、教师篇

济南市历城区洪家楼第三小学
张华

我是来自济南市历城区洪家楼第三小学的一位普普通通的数学教师，1993年毕业于济南师范，中共党员，高级教师，奋战在教育一线已经30余年。在这30多年里，专任数学学科也已20余年。工作中始终坚持"一切为了学生，为了学生一切"的教育理念，不忘初心，牢记使命。努力培养孩子的学习热情，调动孩子学习的积极性，培养孩子的创新意识与创新能力。注重对学生人格的培养。无论是当时在偏远的农村教学，还是在令人向往的市区，都没有改变我对教育的炽热。那种对工作的高度热情以及高标准的严格要求在别人看来不可思议，而在我这里是那么普通而寻常。我就是这样一位永不服输、永不言败、不怕吃苦、勇往直前的普普通通的一线教师。

回忆这些年，唯一能证明我业绩的就是一直以来令我满意的教学成绩。教学成绩是检验教师的很重要的一把标尺。在南部山区教学时，我每年的教学成绩均居柳埠镇前三名，领导、老师、学生、家长都给予高度评价。来到城区，我的工作热情更是与日俱增，生怕跟不上城区的节奏。2018年，是见证我奇迹的一年，我所带的两个班的数学成绩获得了全区质量检测第一名的好成绩。当领导告诉我这个好消息时，我激动得一蹦三尺高，令我终生难忘。那年我还担任一个班的班主任。全区第一的成绩，是我以前想都不敢想的。这一次的成绩是对我工作的最大鼓励。那两个班是我从一年级带上来的，各方面都很突出。2019年由于工作调动，我来到了洪家楼第三小学。领导对我很了解，也很信任，把级部倒数第一、第二的两个班交给我。我很快就把班级成绩提到了前三名，第二名的班级与

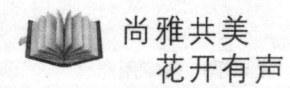

第一名相差0.06分。我们洪三小的成绩也由原来的全区第二位上升到了全区第一位。大家都把功劳算在了我身上，我可不这样认为，没有领导的英明指导，没有大家的齐心协力，哪能考出这么好的成绩？我也就成了一直担任毕业班倒数第一班级的专业户了。说也奇怪，无论再差的班级，到我手里，短短两个月总会成为年级第一，成绩在全区也总处于前列。成绩的取得离不开领导的鼓励与指导，离不开我对时间的把握，离不开反复的思考，离不开长期的换位思考，离不开视学生为己出的心，离不开我摸索的一套独有的教学风格。我始终认为，细节决定成败，态度铸就美好人生。

（一）行动看细节，细节定成败。

"天下难事，必作于易；天下大事，必作于细。""一屋不扫，何以扫天下？"好高骛远渴望成功，成功却了无踪影；脚踏实地，从小事做起，认真做好每个细节，成功就会不期而至。

1. 培养孩子良好的学习习惯。

我认为，要想成绩好，学习习惯很重要。要想习惯好，细节很重要。好的习惯一旦养成，学生终生受用，老师的工作会越来越轻松。培养孩子的习惯是一个长期的过程，很复杂，也很麻烦。我们既然选择了这项工作，为了我们的孩子，决不能怕麻烦，要有耐心、恒心，更重要的是要细心。我每接一个班，都会抓学生以下学习习惯。

（1）抓书写的习惯。

①抓数字的书写。

我特别注重对学生书写习惯的培养。我认为书写规范是学生学习态度的体现。这一点被绝大多数老师忽视了，觉得书写是语文老师的事，数字的书写是一年级老师的事。六年级了还要让孩子练习数字的书写是在浪费时间。也许是不同老师有不同的标准吧。我可见不得孩子们那写得横七竖八、歪七扭八的6不像6、0不像0的数字。我也见不得行不成行、列不成列的乱七八糟的书写。我的原则是，写作业要么不写，要写就认真写。

接班后的第一节课，我都是先抓数字的书写。先让学生在田字格上像教一年级孩子那样写0到9这10个数字。这样练还有一个目的，就是给孩子留下深刻印象，感觉这老师要求很严格，在学生面前树立学风。家长们刚开始对我的做法很不理解，后来看到孩子写得整齐漂亮的作业时都赞叹不已，认可老师的要求，赞叹自己的孩子还有这样的能力。有的孩子把小数点写在数与数的中间，有的写成顿号，还有的干脆轻轻一点就完事，不仔细看根本看不出有没有小数点。这都是不规范的做法，这都反映出一个孩子对待学习的态度。如果形成了习惯，改都不好改。学生不注意，但老师必须关注。分数加减法的分数线应该写到哪里、约等号到底怎么写，我都关注。当我做到了别人认为不值得做的事，这可能也是我教学成绩突出的原因之一吧。

②抓格式的安排。

教学中我发现，孩子们在写作业时随意性很强，没有整体规划，想起什么写什么，想写哪里写哪里，到处是算式，行不成行，列不成列。孩子自己写的什么自己也不清楚。如果做错了，由于用的是中性笔，改都没地方改。为了解决这个问题，我要求学生这样做：第一步，先画线，再写；第二步，线的长度和应用题的题目基本一样，格子宽窄适中；第三步，从最左边开始写起，右边留空，为了改错；第四步，答句另起一行单独写，怎么问怎么答，不能丢字。画了线也不一定写好，我就教他们书写的方法，要从格子中间开始插笔，每个字落到线上。下面齐了，上面自然也齐了。这样写出来的字整齐划一。多年来，我一直强调书写，使得班级的孩子计算能力突飞猛进。全班48个孩子，过关题全做对的达到38人。另外，书写还可以培养孩子的审美能力，激发孩子学习的欲望。

③抓做题的方法。

小学几何图形公式比较多。尽管当时孩子们可能理解了公式的推导过程，但时间久了，加上公式越学越多，孩子们容易遗忘、容易混淆。刚接的学生有的不会求三角形的面积，至于求梯形的面积，他们更是不知所

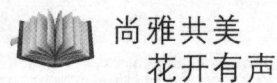

措。我就要求学生做题时先写公式再代数。这样既解决了这个问题，又让孩子明确要规范答题这一要求。这一要求也与初中的学习要求接轨。让学生在解决问题中体会到了数学知识的严谨性。

对于分数乘法的约分格式，有的老师要求左右约分。我觉得左右约分会造成数字的混淆，计算式容易出错，所以我要求孩子按照书上的样子上下约分。

对于画图题用虚线、实线的问题，我也有明确的规定：画平移、旋转、对称轴时要用虚线画，画放大缩小图、对称图形、垂线段、垂线要用实线。有人认为这太较真了，限制了孩子个性的发展。我不这么认为。我觉得这是规矩，这是标准。没有规矩不成方圆。树大自直的道理不可取。

④抓演草纸的使用。

这应该是被大家忽视的做法。我发现，好多学生做题不用演草本，全凭口算，有用演草本的也是乱写乱画。有写本子封皮上的，有写桌子上的，有写到手背上的。五花八门，各显神通。我认为，这都不是好的学习状态。我总是引导孩子们使用演草纸，撕下一张演草纸，对折再对折，平均分成四列。竖着按列写，写整齐。每次的检测我都会收演草纸，从孩子们使用的演草纸上我就能判断孩子们做题时的心境。孩子们刚开始总是没这意识，我一遍一遍地提醒，不厌其烦。慢慢地孩子们就养成了这样的习惯。

（2）抓听课的习惯。

大家都知道，课堂教学是主阵地。只要抓住了课堂，就抓住了成绩。我认为学生喜欢上的课堂才是精彩的课堂，学生能听懂的课堂才是好的课堂，学生觉得时间不够用的课堂才是精彩的课堂。我的课堂我做主，重点从以下几方面入手：

①语言尽可能幽默。

我听过徐长青老师的《重复》一课。他做的课件很简单，他的课堂凭的就是一张嘴。听他上课，简直就像听评书一样，那神态、那动作真是不一般。整个课堂全靠他这张嘴，一个矛盾一个矛盾地引着孩子去解决，一环紧扣一环。孩子们根本没有走神的机会，生怕漏下老师说的哪一句话，那样的课堂才叫精彩的课堂。我没有他的本事，但我可以尽可能做我能做到的。我就凭着我不标准的普通话偶尔给孩子来点柳埠方言，这一点就会引得孩子哈哈大笑。当然，这里的方言不是乱用的。当我在普通话里找不到让学生理解的说法时，才用方言。

②让声音足够大。

要想吸引学生，声音要足够大。首先要让学生听到老师说什么，窃窃私语似的教学不太适合课堂。孩子听起声音来都那么费劲，何谈思维。老师声音大，说明情绪高涨。老师的高情绪会带动学生的情绪。如果老师懒洋洋，学生不昏昏欲睡才怪。我是地地道道的女高音。

③肢体语言尽可能形象生动。

手舞足蹈式、张牙舞爪式是我教学时惯用的模式。靠什么来吸引孩子？靠的就是动态教学。因为孩子喜欢动，我就顺势而为。比如在讲路程、时间、速度这三点的关系时，我把教室的宽度作为路程，我走路的不同姿势表示速度，让学生体会哪一种用时少。第一种，为了表现"嗖"地跑过去，我就很卖力地跑。第二种，为了造成鲜明的对比，我就学起了太空走步，引得学生哈哈大笑。再比如体验各种角，我就用两只胳膊做角的边，表示出各种角。讲八个方向时，为了把地图上的方向在孩子的头脑中再现，我会和孩子一起跳滑稽的方向舞。蜜蜂会跳"8字舞"，课下我的学生都跳方向舞。看到孩子们天真可爱的样子，那种幸福感无法形容。

④洞察力要足够强。

我们要有眼观六路、耳听八方的本领。我从孩子的眼神中能猜出他有没有听课。没听课的孩子被叫起来回答问题绝对是答非所问。

⑤常用鹦鹉学舌式策略。

课堂中的提问有时会出现该生答时，其他学生不予理睬的现象。为了培养学生认真听他人说话的习惯，我会经常穿插这样的环节。

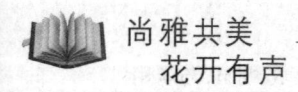

⑥装傻策略。

孩子们喜欢我的课堂，回家会给家长模仿我说话。把我在课堂上的表现给家长来个真实再现，逗得家长哈哈大笑。李斯丞同学的家长曾经录下孩子的语音，激动地发给我，说孩子特别喜欢我。好多毕业的孩子还时不时地来学校看我。这是只有老师才能体会到的快乐。考入清华大学的石傲伟同学，我只教了他半年。他却在他的清华大学录取通知书上写下了我的名字。

2. 注重作业反馈。

由于作业项目比较零散，为了不漏掉任何一项作业、不让任何一个学生掉队，我设计了作业统计表和作业统计条。书写认真全对得星号，书写不好但全对的打对号，有错题的打斜杠，错题严重的打三角。整个表中每一天、每一项作业情况都有记录，一目了然。为了让家长及时了解孩子的学习情况，我每天都会在群里表扬做得好的，指出出错之处，以此来互相监督，取长补短，相互促进。

3. "严"字当头。

"严师出高徒。"人都是有惰性的，不逼一下，不会创造奇迹。大人如此，孩子更是如此。"严"已经成了我的一个习惯，也成了孩子的习惯。我在实施"严"字之前，都会先了解本班家长的情况。我会先把严格的重要性讲给家长听，让家长明确"严"所带来的好处，得到他们的允许之后我再"严"。我眼里容不得沙子。我不允许孩子不交作业，不允许孩子做作业应付，不允许书写不认真，不允许抄作业，不允许上课交头接耳，等等。当然，严要有度，不能过；严要有恒，不能松松紧紧；严要有法，不能鲁莽；严中有爱。

4. 注重理论知识的强化。

我通过多年的教学发现好多孩子存在这样一种现象：面对一道题，无从下手，不按套路做题。单位换算题，总是把进率张冠李戴。我在想，为什么会这样？主要是理论知识掌握得不牢固，方法不熟练，概念模糊不清。为了解决这个问题，我想到了这样的方法：每学一课时，我都会将总结出的知识点和解题方法整理出来，引导孩子熟记知识点。这样做的好处是既培养了孩子用数学语言表达的能力，还让孩子牢记了知识点，明确什么问题用什么理论来解决，提高了解决问题的能力。所有的问题都有理论根源，每一个理论都能解决一个问题，它们是对应的。只有将问题与理论建立起一一对应关系，才能灵活解决问题，掌握解题思路。

小到一个小数点，大到一道题的解题过程，都需要老师用心关注。我认为抓住"细节"是学生学好数学的关键。老师有这种意识，学生才能有行动。

（二）态度铸就美好人生。

马斯洛说过："心态若改变，态度跟着改变；态度改变，习惯跟着改变；习惯改变，性格跟着改变；性格改变，人生就跟着改变。"不同的生活态度，决定着不一样的生活质量。不一样的人生态度，就注定有不一样的人生。

我一直坚守着"勤能补拙"这一原则，我要用我的勤弥补工作上的弱点，我要用我的勤感染我的学生。

1. 查缺补漏，重点突破。

我所接的班级学生知识基础都不是很扎实。为了让孩子能够顺利接受新知识，我采用一边复习一边学新课的方式进行。我可以放慢教学进度，但我不允许学生学得囫囵吞枣。我会搜集专项练习进行复习。新课结束后，我还要根据学生出现的问题专门为学生打印相关题目进行专项练习，以巩固所学知识。

2. 视学生如己出，与学生常相伴。

随着科技的发展，手机成为人们必不可少的实用工具。如何正确使用手机成了摆在我们面前的问题。手机成了一部分孩子搜作业的法宝。老师们每天批改的都是孩子从网上搜的答案，劳而无功。为了解决这个问题，我决定利用中午配餐时间陪着孩子写作业。这既能培养孩子独立思考的能力,又能及时对学习困难的孩子进行一对一辅导,还能提高孩子作业的正确率,一举多得。

3. 注重因材施教。

抓住一切可利用的时间与空间,让每一个孩子在数学上都得到不同程度的发展。

学生是有差异的,为了满足不同孩子的需求,我设立了分层作业,建立了每日一题本,专门做创新培优题。为了减轻孩子的作业负担,我会将孩子感觉有困难的题目录制成视频发到群里,孩子通过看视频领会解题思路,提高解决问题的能力。加强对后进生的辅导工作,按时下班的时间寥寥无几,为的就是让每一个学生学好数学。

4. 强化激励机制,调动学生学习的积极性。

(1) 信手拈来式的激励。

无论是谁,做了事情都想被认可,学生更是想赢得老师的认可。一句暖心的话语,一个大大的拥抱,一个赞许的眼神,都是对孩子莫大的鼓舞。我最不吝啬对孩子的表扬。"宝贝儿,你太棒了"是我的口头禅。还有"宝贝儿,你太牛了,你是我的老师!""我好喜欢你!""我好佩服你!"等。

(2) 物质奖励式激励。

以得花的形式记录。10朵花得一个奖杯印章,5个奖杯印章得一个礼物。大家都认为六年级孩子不喜欢回答问题,我觉得那是因为他们的学习热情没有被激起。我的课堂从不担心沉闷,有时为了一个问题,学生们会争得面红耳赤。我总是会在一旁默默享受这种教学氛围。

(3) 精心准备接班后的第一次家长会,转变家长对待孩子学习的态度。

①先介绍自己,给家长留下好印象。

②阐述一下自己教学的特点,让家长明确教师的教学思路,感觉教师工作的严谨性。

③提出几点要求，让家长明确关注学生学习的重要性。

④与家长畅谈，换位思考，关爱孩子，挤时间与孩子常相伴，激发孩子的学习热情。

总之，所有的方法都离不开老师用心发现与思考。本人自参加工作以来，一直是这样做的。我所教过的孩子基础知识扎实牢固，能力强，关键是孩子们的学习态度有了很大提升，都喜欢上数学课，从学数学中尝到了学习的乐趣。我一直主张：我可以不出色，但我必须让我的学生尽可能出色。回忆自己走过的路，充实而快乐。我认为，只要用心，没有做不成的事。有一分耕耘总会有一分收获。我自认为我的工作对得起学校，对得起家长，对得起我的学生，对得起我的良心，对得起"优秀党员"这个光荣的称号。我成了公认的教学能力强的老师。老师能当成这样，今生无憾了。临近退休，在最后的短短几年，我依然工作热情不减，好好珍惜在学校这段美好的日子，继续努力，继续用我满腔的工作热情去培养更多更优秀的学生，为我的教育事业交一份满意的答卷。

济南市历城区洪家楼第三小学
程静

每个孩子都是一颗独一无二的种子，需要阳光雨露的滋养，更需要教师用心倾听和陪伴。我用爱心浇灌每一颗稚嫩的心灵，用智慧引领他们探索知识的海洋，用行动诠释着"师者，所以传道受业解惑也"的深刻内涵。

（一）用心倾听，用情陪伴。

忘不了那一声甜甜的"程老师好"，忘不了那双清澈、明亮而充满求知的双眸，忘不了课堂上高高举起的小手，忘不了讲台上那一杯淡淡的菊花水，也忘不了教师节时卡片上写满的祝福……更忘不了最美的她——小雨同学。

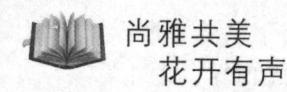

记得刚接手班级时，面对一群性格迥异、习惯各异的学生，我没有急于求成，而是先通过家访、谈心等方式，深入了解每个学生的家庭背景、兴趣爱好及心理状况。我发现，班上有一位名叫小雨的女孩，性格内向，成绩中等，但眼神中总是透露出一丝忧郁。通过深入交流，我得知小雨的父母关系紧张，家庭氛围压抑，这严重影响了她的生活和学习。面对这样的情况，我没有退缩，而是主动承担起了"临时妈妈"的角色。我利用课余时间找小雨谈心，倾听她的烦恼和困惑，给予她安慰和支持。同时，我还积极与小雨的父母沟通，努力调解他们的关系，为小雨营造一个和谐的家庭环境。

（二）创新教学，激发潜能。

在教育教学工作中，我深知传统的教学方法已经难以满足当今孩子多元化、个性化的学习需求。我不断探索，勇于创新，力求让课堂成为孩子们展现自我、探索未知的乐园。我尝试将情境教学、合作学习、项目式学习等多种教学模式融入日常教学中，鼓励孩子们动手实践，主动思考，合作交流。

除了课堂教学外，我还注重培养学生的自主学习能力和创新精神。鼓励学生根据自己的兴趣和特长选择研究课题或参与实践活动，学生们纷纷投身于各种创新活动中去。有的参加了科技创新大赛并获奖；有的撰写了优秀的小论文并发表；还有的制作出了精美的手工艺品……通过组织丰富多彩的活动，激发孩子们的学习兴趣，培养他们的创新精神和实践能力。

（三）立德树人，以德为先。

教育不仅仅是传授知识和培养能力，更要培养良好的品德和正确的价值观。因此，我始终将德育工作放在首位，努力培养学生的良好品德和高尚情操。

在日常工作中，我注重言传身教，以身作则。班级里形成了一股积极向上的良好风气：学生们尊敬师长，团结友爱，勤奋好学，诚实守信；老师们爱岗敬业，为人师表，教书育人，无私奉献……此外，我还注重通过丰富多彩的活动来加强学生的品德教育。组织开展了"感恩教育月""诚信教育周""文明礼仪伴我行"等一系列主题教育活动；邀请了社会上的优秀人士来校为学生们做报告和讲座；带领学生们走出校园，走进社区和大自然去体验和感悟生活的美好……这些活动不仅让学生们增长了见识、拓宽了视野，还让他们在实践中学会了感恩，学会了诚信，学会了尊重他人和关爱社会。

（四）搭建桥梁，携手同行。

我深知，孩子的成长离不开家庭与学校的共同努力。因此，我始终将家校合作视为班级管理的重要一环。我通过建立家长微信群、定期召开家长会、开展家访活动等方式，加强与家长的沟通联系，及时了解孩子的家庭情况和学习动态。我鼓励家长参与班级管理和孩子的学习生活，共同为孩子的成长出谋划策。同时，我也注重向家长传递科学的教育理念和方法，引导家长树立正确的教育观念，形成家校共育的良好氛围。

（五）终身学习，追求卓越。

在教育的道路上，我深知自己永远是一名学习者。为了不断提升自己的专业素养和教育能力，我积极参加各类教育培训和学科交流活动，广泛阅读教育书籍和期刊，不断汲取新的教育理念，学习新的教学方法。我坚信，只有不断学习，才能跟上时代的步伐，才能更好地服务于学生的成长和发展。同时，我也注重反思和总结自己的教育教学实践，不断总结经验教训，优化教学策略，努力成为一名优秀的教育工作者。

回顾过去的点点滴滴，我深感自己是一名幸福的班主任。我见证了太多孩子的成长与蜕变，感受到了太多家长的信任与支持。我深知，这一切都离不开爱的力量。在今后的成长道路上，我将继续按照党员的标准要求自己，继续用心去爱，去耕耘，去等待，让每一个孩子都能在属于自己的天空下自由翱翔！

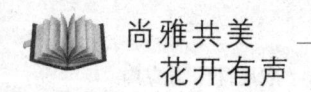

尚雅共美 花开有声 —— "雅行教育"理念下学校系统化发展的研究与实践

济南市历城区洪家楼第三小学
张相燕

我是 2017 年加入济南市历城区洪家楼第三小学这个大家庭的。初入这个团队，我感受到的是温暖、扎实、奋进。而洪三小的语文团队是这个大家庭的中坚力量。洪三小利用每周二的半日教研不停地给我们输入先进的教育理念。在这个团队中，每个人都不敢懈怠。老教师倾囊相授，将自己的课堂教学管理经验传授给年轻教师，帮助年轻教师快速成长。年轻教师积极主动，虚心向经验丰富的老教师请教工作中遇到的困难和问题。我也是在这样的氛围中，一步一步收获着、成长着。

我们学校采取半日大教研加组内小教研的形式交叉进行。积极响应历城区"五有好学堂"建设，向课堂要质量，采取"三备""三磨""合作学习"的方式，聚焦课堂问题，指向重难点，通过每一堂课发现问题，研讨问题，解决问题，大大提高了课堂效率，这种思路也贯彻到了组内教研中。六年级教师积极加强组内教研，认真梳理每单元、每课教学重难点，深挖学情，找准突破点，加强作业设计，提高了六年级组教学的有效性、上课的针对性，为最后的复习打下了良好的基础。

除此之外，见缝插针进行"迷你教研"，随时随地解决教学中的问题。办公室、操场、教室都会成为我们交流的阵地。大家毫无保留，广泛地进行交流，互帮互学，取长补短，有效地保证了教研的质量。我们在团结协作的基础上，也特别强调个人的工作责任制，避免吃"大锅饭"，根据每个人所教班级的实际情况制订出相应的奋斗目标。在我们的心目中，只有打团体战的概念，没有单独冒进的念头。

"亲其师，信其道。"在老师们这种氛围的影响下，六年级的孩子们似乎懂事了，他们也同老师一起努力。在六年级级部的走廊里，你听到的是琅琅的读书声、讨论问题的争辩声，看到的是孩子们坚定的眼神、跟在老师后边不停问问题的身影。我想，只要激发起孩子们学习的兴趣，还有什么比这个更难能可贵的呢？

（一）向下扎根，优化作业设计，巩固课堂质量。

1. 分层设计作业。

一个班级的学生在小学六年的学习过程中，由于在知识能力、学习态度、学习方法等方面存在着较大的差异，所以成绩到小学毕业前夕往往差异较大。如果用同一目标来要求全体学生，必然与相当一部分学生的学习不相适应，从而使这些学生或轻易达标，或难以达标，这样就影响了每位学生的发展。怎样在这一年提高全体学生的学习状态，这是摆在我们面前的一个难题。我们认为课外作业应该分层布置。

（1）调查摸底，做好分层的准备。

（2）针对学生的不同层次，设计多样性的作业。

虽然学生有差异性，作业实行分层，但扎扎实实的基础知识练习不能丢弃。读与写是语文的基础。如何让学生在打牢基础的同时又能获得学习的成就感呢？我们将作业分为"基础作业""专项作业""自主作业"三个层次。

"基础作业"一般指课前的预习，是最基础的作业，所以要求每个同学必须完成。

"专项作业"可以是针对性的练习题、阅读的拓展、小练笔等。在老师布置的几项作业中，学生可以根据自己的情况选择其中一部分来做。

"自主作业"主要设计给学有余力的同学，为了增加他们的阅读量，有新课程标准中的必读书目，也有经过老师研讨后推荐的选读书目。

作业的分层，可以促进成绩好的同学在实践、能力方面有提高，使后进的同学对今后的学习增加信心。这样就激发了学生的学习兴趣，逐步养成良好的学习态度。

（3）教师先行"下水题"，精选练习题。

我们平时的练习不在多，而在精。对于练习题，老师们会先研讨后选定，并由亲自做一做，如果觉得题优，才会拿到学生们面前。这样的做法

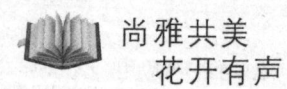

有利于老师把握重难点，使学生做到精练，老师做到精讲。

（4）在平时的练习中，我重点关注课后题，同时让学生建立错题本。

课后题集中体现了本单元的语文要素，是训练的重点。另外，在作业批改的过程中，我反复多次批阅，并让学生建立错题本。对于出错比较多的重难点题型，我让学生整理到错题本上。同时，每个学生的错题还不一样，所以我们再根据每个学生的错题情况，在错题本上进行修改整理，做到"一生一本"。

（二）向上生长，读好书，写好字，养成好习惯。

虽然我们一直强调培养学生独立思考、自主学习的能力，但是我们面对的毕竟是小学生，他们的自主能力还很差，因此需要我们教师多引导，需要我们关注到学生的方方面面。

1. 注重培养学生良好的书写习惯。

书写在我们学校是有优良传统的。通过前五年的训练，孩子们养成了比较好的书写习惯。对六年级学生的书写要求也是不断提升的，既要保证一定的书写速度，又要有较高的书写质量，从原有的句段的书写提升到篇章的书写，所以我将书写要求定位在篇章行款训练以及在较快速度下保证书写质量。针对这一问题，我从开学刚接班起就制订了严格的标准，要求学生做到"三要"：一要准，要一次性写准确，避免修改；二要多，在规定时间内，一次抄写尽可能多的字数；三要规范，行款要对，修改符号要对；四要多练，利用午写、上课、习作课，尤其是作业的书写质量。这些都是稳定提高学生书写质量的法宝。

2. 注重培养学生的阅读习惯。

有人倡导阅读，但往往针对性不强，无从下手。我的做法很简单，一是紧靠课本，抓好同步阅读。"快乐读书吧"的书目要有计划、有目标，让孩子必须读，在此基础上推荐同类型同作品，让孩子自由选择去读。同时我会设计简单有趣的同步阅读小测验，保证阅读效果，让所有的孩子都能够跟上。二是做好读写结合，读讲结合。利用小练笔、日记、习作鼓励学生把阅读中的所读、所悟、所感记录下来。读讲结合，利用口语交际、主题班会、读书交流会、故事大会、辩论赛等活动，鼓励学生对书中的精彩故事进行精彩讲解，说出自己的独特感悟。这样读书使读、写、讲有机结合起来，读书就立体多了。三是不管什么形式，坚持是最重要的。老师要有计划、有评价，才能自始至终地让孩子学会阅读、爱上阅读。

3. 鼓励学生关注社会热点，了解国家大事，提升学生综合应用的能力。

语文是工具性与人文性的统一，注重工具性的同时，应该更加关注语文在实际生活中的运用。除了课本上的知识，我们更应该关注学生在生活中运用语文解决问题的能力。关注命题变化的老师都知道，题目情境化是大趋势，所以多关注社会热点，提高学生综合知识，有助于降低学生对特殊语境的陌生感。只有了解了相关知识才能有机会进行深度阅读，所以我鼓励孩子每天观看《新闻联播》，阅读报纸，读跨学科书，做到对时政、历史等方面有一定的了解。每天这样做，学生们在不同程度上提升了综合运用能力。

说了这么多，我觉得这是很多老师都在做的。除此之外，我认为班主任工作在其中也起到了很大的促进作用，所以最后再简单地说一点班主任工作。

在班级管理中，我首先进行了班干部的选拔，并且对他们进行细致的培养。我们的班干部得到了各位任课老师的称赞。一个班委带起了整个班。尤其是我们的小班长，可以说一个人带活了一个班。同时在学校雅行评价的指引下，结合自己班级的情况，形成了自己班级关于卫生、纪律、作业等方面的细致的评价标准。这个标准是得到学生认可的，是他们能达到的。评价奖励以雅行平台为主，平时还会给学生们一些小惊喜，比如：奖励实用的小奖品，表现好奖励课前点一首歌等。在良好的班风、浓厚的学习氛围中，学生的积极性被调动了起来，为学生的发展做好了铺垫。

在"双减"政策的指引下，办有温度的教育，做有故事的教育，心系学生，这绝不仅仅是口号。每位老师都是"爱心"的践行者，"温度"的传播者。老师有了爱和"温度"，办学的爱和"温度"就能落地生根。学生也会在老师们的影响下一直努力奋进。就这样，老师和学生一起努力向下扎根。我们从不想我们的努力会开出一朵什么样的花。我想只要老师和学生们积极向上，朝着目标前进，开出的会是一朵最美的花。

济南市历城区洪家楼第三小学

刘静爱

（一）以爱为基，共同前行。

于漪老师说："孩子千人千样，没有大爱，没有水磨的功夫，就不可能拨动他们的心弦，奏出悦耳的乐章。"要想与孩子沟通，首先要懂得孩子的真正需求。自工作以来，我始终用爱去耕耘，积蓄能量，带着学生们去感悟生活、发掘自己。在工作的4年中，我和学生们一起经历着一个又一个平凡的故事。作为一名班主任，我时刻用爱心来对待学生，用热心去帮助他们。就这样，我把那些班级小事干得有滋有味，在平凡琐碎中体味到了特有的快乐和幸福。

（二）制度导向，细节引领。

没有规矩，不成方圆。我深知其中的道理，每带一个班级，我都特别重视学生的习惯培养。开学初，我带领同学们一起制定《班级公约》，做到奖惩有据。在此基础上，结合学生个人意愿以及自身优势确立了班级点位管理清单，从而实现"人人有事做，事事有人做"的班级共建机制。

仰望星空的情怀是教育事业成功的源动力，而脚踏实地落到细节的管理是教育目标的行动保障。我在制定班级大目标时更注重细节管理，重点是利用各种时间和契机进行精细化管理。从入校要求到课前准备，从班级卫生到道德培养，我都做到从大处着眼、小处着手，反复地跟学生强调要求和条例，从而帮助学生提高执行力、养成规则意识。

（三）家校合力，守护成长。

家校共育、双向奔赴才是教育的最高境界。学生的快乐成长需要老师和家长共同参与，正如再荒芜的土地，只要用心浇灌，充分注入营养，也可以生长出繁密鲜艳的花朵。在日常的工作中，我主动与家长沟通学生在学校的点滴进步，同时积极调动家委会的力量，共同守护孩子们健康快乐地成长。

（四）破茧成蝶，追逐梦想。

志不立，天下无可成之事。在青春岁月博观约取，才能在人生旅程厚积薄发。在教育这条路上，我深知自己永远是一名学习者。我利用专业所学，潜心研读教材，积极参与教研组的研讨，不断学习新的教学方法和教育理念，并付诸实践。

往前看，前路漫漫亦灿灿，我与同学们一如既往，不畏严寒风霜，带着执着信仰，扶摇直上，共同成长！

济南市历城区洪家楼第三小区
袁兆荣

（一）课堂多彩，作业变脸。

把成年人看似简单但是小学生却认为很难的知识，用孩子们能接受的语言和方法，让孩子们听懂而且掌握，这是小学教学的重点。这就需要教师不但有丰富的学科素养和专业的教学理论，而且要融会贯通、推陈出新，所以我在教学中吃透教材，积极开拓教学思路，课堂上借助多媒体技术，通过生动的视频、音频、画面、丰富的肢体语言、生动的讲述，让每个孩子听得懂、学得会、用得好。课下的作业，不是一味地抄抄写写，而是用表演朗诵、课本剧、课外实践、动手操作等多种形式，让孩子们在切身体验中，浸润式地学会知识，不知不觉中成就听、说、读、写的能力。

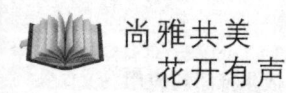

(二）容错纠错，温暖包容。

在和小学生接触的过程中，他们在课堂学习、学校生活、做作业的过程中，会不经意地犯一些错误。对待学生所犯的错误，我一般会包容学生，不会揪住一点点小错误不放。例如：一名学生的坐姿不端正、上课走神，我会用眼神提醒他；如果他还不能改正，就会点名提问他，并大力表扬他；受到鼓励之后，他就会精神振奋，改正坐姿。如果他还是不能改正，那么就会直接告诉他。一遍一遍提醒、一次一次纠正，直至学生养成良好的学习习惯。

我会平等地对待每一个孩子，把他们当作成长中的不断完善的生命个体看待。不会因为一时的学习困难，就把孩子分成三六九等，歧视孩子。课堂上的问题，我会针对不同基础的孩子提问不同难度的问题，让每个孩子都获得学习上的成就感。对待学习困难的孩子，我会拿着"放大镜"寻找孩子的优点，适时对孩子大力表扬。通过个别辅导、寻求家长帮助、安排学生一对一帮扶等形式，一步一步地帮学生追上正常的教学进度。就这样，我用耐心、爱心温柔地对待每一个孩子，让他们从不同的起点共同成长，绽放出灿烂的花朵。

(三）家校沟通，静待花开。

父母是孩子的第一任老师，孩子是家长的影子。开好每一次家长会，和全体家长面对面沟通；做好每一次家访，共同探讨对孩子的教育策略；及时回复电话、短信，和家长零距离沟通。为了孩子的健康成长，在教学过程中，我发现孩子的心理出现起伏变化时，也会及时跟家长沟通，寻求家长的帮助，共同教育好孩子。例如：有的孩子不遵守纪律，课堂上走神、说话现象比较严重时，老师一再提醒，收效甚微，这时就会寻求家长的帮助。家长会查找家庭中存在的问题，如家里老人生病，没有精力顾及孩子等。家长和老师合作，及时修理掉坏习惯的枝丫，这棵小树才会茁壮成长。

德国教育家雅斯贝尔说："教育是一棵树摇动另一棵树，一朵云推动另一朵云，一个灵魂召唤另一个灵魂。"在这个世界上，除了父母，老师是孩子最大的转机。我们要用爱心、耐心、诚心、善心对待每一个孩子，期待自己成为孩子的"转机"。

济南市历城区洪家楼第三小学
刘士霞

（一）扎扎实实教书。

语文课上，学生是箭，老师是弓，合力爆发，一次次碰撞出新知识，这时候他们是合作者；课后的校园中，学生是快乐的小鸟，老师是鸟妈妈，不厌其烦地听学生给她讲海阔天空，这时候他们是朋友；假期里，老师和学生约起来，到大自然中寻找快乐，这时候他们是亲密的家人。讲台、校园和大自然都是老师的课堂。

潜心教书，上下求索。把大自然搬进课堂，实现跨学科教学。低年级孩子喜欢各种奖励，哪怕是一朵小红花，只要赋予它特别的意义，在孩子心里就是珍宝。我的奖励有点创意。每个孩子最期待周一我背包里那些神秘的礼物：《植物妈妈有办法》中的豆荚、苍耳，《棉花姑娘》中的棉桃和棉花，他们都亲手把玩过；《四季》中颗粒饱满的麦粒，生的、熟的他们都吃过；《端午节》中飘香的粽子，我和他们一起包过；《画杨桃》中每个孩子从不同方向看到了讲桌上各种形状的"杨桃"；《千人糕》中带着爱心的米糕从南方飞来；雨后的蜗牛和蚯蚓，金黄的银杏叶和火红的柿子叶……这些都在我的语文课堂上作为有生命的伙伴陪同孩子们度过美好的时光。

（二）老老实实做人。

第一次开家长会，我就和学生家长约法三章，争取每个孩子都做这样的"三好学生"——写好字，说好话，做好人。也正是我把立德树人放在教育的首位，所以每个孩子都成为阳光、善良、正直和勤奋的花季少年。

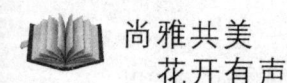

班级管理没有小事。小学生天真烂漫，对一切事物都充满着好奇心，喜欢探索和尝试，免不了出各种小事故。我对孩子们常说的一句话就是"犯错不要紧，改了就是好孩子，争取以后不再犯类似的错误"。正是因为老师的一次次引领，孩子们学会用实际行动证明自己的"听话"。看，他们自己整理书包，不再依赖妈妈；大扫除时，每个孩子都争着抢着把教室打扫得漂漂亮亮；午餐结束，他们都喜欢把饭后水果带回去和家人分享；同学之间发生小摩擦时，他们先找自己的错误；对每天的作业，他们也会写得格外有精神气……

（三）率先垂范，教学有方。

言必信，行必果，正人先正己。凡是要求学生做到的，我都率先垂范。我相信唯有老师浩然正气，学生才会信服老师。我对自己严格要求，家长、学生都很佩服。教室里，我会把讲桌整理得干干净净，孩子们也效仿我，爱惜自己的课本；大课间要跳绳了，学生懒得跳，我和他们一起舞动跳绳，比拼体力和耐力。

作文对学生来说是一件头疼的事，所以我的课堂常常能够听到的就是在随文说一说、练一练。在积累和运用语言相结合的语文课程中，处处都是"美文美句"，每节课讲透一处写法，天长日久的积累就在孩子的脑中储备下数不尽的素材。巧妇有米，何愁三餐呢！随文写文经过一段时间后，慢慢变成"百字作文"，经过加工后变成了"每周小记"，反复修改就成了美文一篇。看，我批阅的美文一篇篇变成了班级的习作集，成为孩子最珍贵的毕业赠礼。

（四）学海无涯，永无止境。

老师的职业特点决定了我们要树立终身学习的理念。每天时间就那么多，想学习总能找到方法。

为了深耕课堂，我借助互联网跟着名师学，事半功倍。站在巨人的肩膀上，视野自然不一样。信息化时代资源丰富，全国的语文名家课程讲座都可观摩。今年春天，我又在直播间跟着"老顽童"何捷老师学习"大单元教学如何设计一堂课"。他的课注重对学生思维能力的培养，在大情境下用一连串活动巧妙解决学习任务，调动学生多感官参与到课堂上，妙趣横生。我不仅反复观看，和学校的语文老师一起探讨，还在笔记中特别标注精彩的原因，及时对比自己的思路，从而找到自己需要提升的空间。

跟着同事学。近水楼台先得月。我曾经也是一位教书"失败者"，从中学数学转到小学语文，也是无从下手。开学第二周的公开课简直是"糟糕透了"，上完后几近崩溃。同事们没有一人批评我，更多的是建议和鼓励。此后每天我都进入一位老师的课上观摩。第二个月，我的语文课就基本成型了。坚持听同事的课让我也成为学校出色的语文老师之一。我不仅承担各级各类优质课观摩课，这七八年还帮助学校带领许多新老师语文教学和班级管理。看到徒弟们有的成为学校的中层领导，能为学校挑起大梁；有的成为各科骨干教师，也能带出自己的学生；还有的成为家长和孩子最喜欢的老师，我从心底里高兴。从徒弟身上我学到了年轻人的踏实肯干、智慧和热情，他们是我教学相长的战友。

跟着学生学，合作共赢。不要小瞧孩子，我把班级中每个孩子都当成自己的小老师。有一次，班级征集一类字的预习方案，大家都认为小朱同学在田字格四周标注"音序、音节、部首、组词"全面且新颖，一致通过。被选上的小朱非常自豪。从此班级越来越多的小小改革家参与到对学习的探索中。

跟着生活学，融会贯通。学生的世界不只是学习，更多的是玩。我能和孩子玩到一起，了解他们的兴趣爱好，友好相处。我认为，作为孩子的老师，假如你会游泳，并且和他们来一次PK，自然会获得一部分志同道合的玩家；假如你喜欢爬山，更了不得了，孩子们几乎会为了周末的约定，周五就高质量地完成所有的作业；假如你热爱小动物，时时和他们分享饲养趣事，全班同学都会成为你的粉丝。生活的方方面面都是孩子感兴趣的地方。作为孩子的老师，你的知识越渊博，你的学生就越能全面发展。

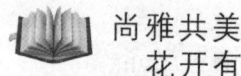

让孩子爱上语文，让语文走进生活，让每个孩子各有所长，是我最大的幸福。我要和时间赛跑，站在新起点，从心开始，躬耕教坛，站好每一班岗！

济南市历城区洪家楼第三小学

刘杰

我是来自济南市历城区洪家楼第三小学的英语老师刘杰。

路，和优秀的人一起走，才能长远；事，和靠谱的人一起做，才能妥当。我们洪三小教师团队就是这样一群优秀的人，洪三小英语组就是这样一群靠谱的人。接下来我要说的也是我们每一位洪三小教师平时所做的，如有不当之处敬请指正。

（一）重视集体备课，团队合作。

1. 先导课"四研制"，提升教研力。

英语集体备课坚持"先导课四研"原则。一研，依托周备课评价制度，同年级主备教师也就是先导课教师研读新课标，深挖教材，在充分了解学生学情的情况下，进行单元目标重难点梳理，完善个人二备；二研，每周先导课教师通过年级磨课试讲形成自己的课例"问题清单"，并对教学各环节进行修正；三研，在组内半日大教研中，以"问题清单"为抓手，以"研究学生的学、老师的教"为重点，以"发挥团体智慧合作创新"为活动方式进行第三次有质量的组内研课，即坐庄法，提问—补充—庄主复盘；四研，回归原点，提炼课堂亮点，发现不足，及时进行个人反思指导后期教学。在这里非常感谢区教研员王老师走进我们的教研，走进我们的教室，为我们的教研提供指导，使我们的教研更精准、更有实效性。

2. 每日一研制度化，提升学习力。

六年级英语组的小教研一直在扎实开展。从开学初规范学生英语学习习惯，到最后总复习时的稳扎稳打，都是我们老师集思广益、分工合作、相互补充的成果。比如复习课型，复习前提前研究题型，明确命题原则和方向，明确考点、易混点、失分点等，从而准确把握方向，制订详细的计划，实施三轮复习，确保我们的教学有的放矢。第一轮梳理教材，夯实基础。第二轮专题训练，突破重难点。第三轮模拟训练，提升综合能力。每一阶段的复习都有老师跟进分析。每一次检测改卷，除了从数据分析成绩外，各班任课教师都会以班级案例为样本，详细说明自己负责题块的得与失，以及今后教学中要注意的问题和提升的措施等。在组内进行数据整合，将年级所有的分析汇总，从班级纵向分析，到年级横向整合分析，确保从多维度覆盖复习阶段的所有重难点。

（二）落实常规，有效教学。

1. 雅思单，助力听说读写训练。

六年级英语组的老师们结合新课标以及命题思路进行命题分析，合成每周的雅思单，充分利用晨读午写时间，对学生统一进行听力和磨音训练。每天15分钟的英语磨耳朵活动，运用六年级教学楼广播系统对六年级各班级统一进行广播。

根据教学进度，播放课本点读进行听读指的是模仿跟读，或进行对应教学进度的英语听力小练习和阅读拓展小练习等。

在听读过程中，各班学生按学号轮流担任小指令官，监督落实以下习惯的培养：

（1）英语课本要平放在课桌桌面上，坐姿要规范；

（2）听读过程中用手指到所读之处；

（3）注意模仿语音、语调，声音要洪亮；

（4）关注课本中的预习笔记、听课笔记和圈画的重点；

（5）做到听读"四到"：口到、眼到、手到、心到。

在进行听力与笔答练习任务时，班级小指令官也会随时提醒同学：

（1）画出关键与答题依据，一定要独立完成；

（2）认真书写，按时上交；

（3）检查时标注知识点分析，老师讲解时要及时改错。

在磨耳朵活动的开展过程中，各班英语课代表也积极做好辅助提醒，监督落实，及时发放与收取对应的英语材料。

任课老师也及时跟进，对每次的听读训练都及时评价。每天都由值班老师抽取学号，通过广播的形式，由点及面覆盖各班，由每班课代表收集上交，值班老师进行反馈，其他同学的由任教老师批阅反馈。抽学号成为学生的每日期待，实现了学有动力。

2. 练话题，提升读写专项技能。

根据教学实践，结合社会热点和单元话题，精心整理与设计阅读题目，融合英语磨耳朵活动推进阅读素养的培养，开阔学生阅读视野。如健康饮食、科技创新、英雄人物等话题，以连续性文本、非连续性文本等不同形式，培养学生阅读技巧，在细节选择判断、观点提炼与表达等题目的考察中，力争点面结合，提升思维品质与学习能力。

为突破学生的弱项——书面表达，老师以单元话题为依托，指导学生梳理写作对应的核心短语、核心句型，梳理写作结构，开头句、主体部分表达句、结尾句，帮助学生形成条理性思维，先进行口头表达，再进行书面写作。老师们对学生写作进行精心批改，标注错误，示范正确的句式表达，尽可能地帮助学生脱离汉式思维定式所导致的句型不当等问题。复习阶段，老师们帮助学生整理优秀作文，供学生参考。基础薄弱的同学背范文句型，基础较好的同学进行范文仿写，最终达成利用15分钟写一篇40~50词的书面表达。

3. 积累本，实施个性化差异指导。

课前候课三分钟谈论本单元有关话题，主要使用本单元的主句型由易到难，创设轻松的英语学习氛围。基础比较好的同学可以在这个环节充分展示自己的风采，同时也为本单元的话题写作做好铺垫。可以用基础性的对话提问基础薄弱的同学，及时表扬鼓励。可能我们不经意的激励，会让他们更加自信。

课下根据各类学生的不同情况,分层指导、分层布置作业。如A层学生布置少量书写的作业,以能力提升题型为主,同时要求他们准备一本错题本,并及时督促其整理,结合错题本形成错题积累,记录学习中的困惑,梳理语法小结,熟练掌握做题技巧。

B层和C层学生优先保证基础知识的夯实,多注重单词的积累、简单句型的运用等。

(三)以评促学,学有动力。

1. "4321"进阶评价,为学生发展赋能。

依托学校雅行平台,对学生的学习习惯和学科"4321"进阶评价。通过书卡、礼卡、书香卡、书韵卡、书礼卡阶梯式、进阶式的评价方式,激励学生的发展。

积累与运用高年级词语资源库,每学期推进四次基础调研。过关并全对的同学,通过雅行平台奖励学生书香卡一张。同时以喜报的形式公布给家长,及时表扬学生。对有3处及以上错误的同学进行指导训练,二次通关,最终实现关关通。学生通过自己的不断努力,一次次地挑战,得到更多的奖励,换取更高的卡章,从而在学习上得到成功的满足,进一步提升学习动力。

2. 雅行平台精准评价,实现个性定制。

班级优化评价工具作为雅行平台的辅助评价工具,将学生每节课的表现通过评价工具及时呈现记录,弥补了雅行平台不能实时评价的不足。家长通过家长端也能详细地了解到孩子的任务达成度,使家长对孩子的发展有抓手、有目标,及时关注到孩子近期的发展变化,如英语课堂表达参与度、课后巩固达成度等。通过班级优化评价工具的使用,现在更多的家长也积极地参与到孩子的学习中来,能够精准地了解到自己孩子的优点和不足,与任课老师高效沟通,进行个性化定制,完成有针对性的监督落实。

总之,英语教学千头万绪,教学方法也是仁者见仁,智者见智。我们的教学就是从关心学生的成长入手,从细节出发,落实工作常规,把最简单的事情做好。一路走来,我要感激的人很多,感谢领导的支持,让我学会了成长与反思;感谢学生的陪伴,让我学会了宽容和耐心;感谢同事的理解,让我学会了团结与合作。成绩代表着收获,未来等待着开创。我们将在现有的基础上继续努力,深耕在教育一线这片乐土上。洪家楼第三小学英语教研组也会一直在团队建设的道路上稳步前行!

参考文献

[1] 张传燧.基础教育课程改革十年：政策引领、重大创新与未来展望——基于《义务教育课程方案（2022年版）》的解读[J].课程·教材·教法，2024（1）：13-22.

[2] 习近平.习近平谈治国理政：第三卷[M].北京：外文出版社，2020：54.

[3] 曾天山.建设高品质学校文化的基本策略[J].中国民族教育，2021（2）：8.

[4] 张鹏举.文化立校的意义与路径探析[J].教书育人，2022（17）：66-68.

[5] 沈曙虹.办学理念策划十讲[M].上海：华东师范大学出版社，2019：20.

[6] 吕达.解读生本教育的内涵[J].人民教育.2009（C3）：9-11.

[7] 张蕾.杜威"经验课程"论对新课程改革的启示[J].商业文化（学术版），2007（9）：113.

[8] 吴德琴.基础教育新课程理念下小学班主任工作研究[D].南京：南京师范大学，2004.

[9] 张晓图.新样态学校建设的县域实践探索[J].现代教育科学，2019（7）：7-13.

[10] 彭滨.半日教研赋能特色课堂建设[J].教育家，2022（48）：59.

[11] 郑立平，徐明军．雅行引领学生全面而个性发展——雅行教育的思考与探索［J］．教书育人，2016（5）：60-62．

[12] 谢雨宸，刘鹏．基础教育课堂教学综合评价体系建构的理论逻辑与实践路径［J］．中国教育科学（中英文），2024（1）：150-159．

[13] Katherine Gibbs. Knowing What Students Know：The Science and Design of Educational Assessment［J］．Science and Children，2002，40（1）：48．

[14] 冯佳昊，陈安．基于循证决策理念的智库证据分级与决策路径建构［J］．中国科技论坛，2022（5）：156-166．

[15] 谭轹纱，范卿泽．论循证教学的发展向度和功能限度［J］．当代教育科学，2022（2）：41-49．

[16] 格特·比斯塔．教育的美丽风险［M］．赵康，译．北京：北京师范大学出版社，2018：196．

[17] 哈贝马斯．在事实与规范之间：关于法律和民主法治国的商谈理论（修订译本）［M］．童世骏，译．北京：生活·读书·新知三联书店，2014：6．

[18] 侯钧生．"价值关联"与"价值中立"——评M·韦伯社会学的价值思想［J］．社会学研究，1995（3）：4．

[19] 肖慧．重塑学校教育生态：构筑"人在中央"的智慧校园［J］．中小学管理，2023（1）：32-34．

[20] 艾兴，陈永堂．教育数字化转型背景下课堂教学形态的重构［J］．杭州师范大学学报（社会科学版），2023（3）：74-82，88．

[21] 王一岩，郑永和．智能教育产品"政产学研用"协同创新生态构建研究［J］．现代远距离教育，2022（6）：39-46．

[22] 徐碧波，裴沁雪，陈卓，等．国家中小学智慧教育平台推进基础教育数字化转型的现实意义与优化方向［J］．中国电化教育，2023（2）：74-80．

［23］李铭，韩锡斌，李梦，等．高等教育教学数字化转型的愿景、挑战与对策［J］．中国电化教育，2022（7）：23-30.

［24］杨磊，杨秋．基于学习数据支持的小学生个性化学习实践研究［J］．中国教育学刊，2021（A2）：60-64.

［25］王薏，夏梦禹．学习过程数据采集与应用：让个性化教学落地生根［J］．中小学管理，2016（7）：14-15.

［26］杨小微，王珏．ChatGPT应用于基础教育的机遇、挑战与应对——"刷题式"教育、学生学习、"超级教师"及教育公平［J］．新疆师范大学学报（哲学社会科学版），2024，45（2）：125-136.

［27］闫寒冰，余淑珍．教师数字素养提升：以研训专业化为底色的数字化实践路径［J］．电化教育研究，2023（8）：115-121.

图书在版编目（CIP）数据

尚雅共美　花开有声："雅行教育"理念下学校系统化发展的研究与实践 / 彭滨编著 . -- 济南：济南出版社，2025.6. -- ISBN 978-7-5488-7367-9

Ⅰ . G632.0

中国国家版本馆 CIP 数据核字第 2025AL8494 号

尚雅共美　花开有声
——"雅行教育"理念下学校系统化发展的研究与实践
SHANGYA GONGMEI HUAKAI YOUSHENG
——"YAXING JIAOYU" LINIAN XIA XUEXIAO XITONGHUA FAZHAN
DE YANJIU YU SHIJIAN

彭滨　编著

出 版 人	谢金岭
责任编辑	赵志坚　孙亚男　李文文
封面设计	曹晶晶
出版发行	济南出版社
地　　址	山东省济南市二环南路1号（250002）
总 编 室	0531-86131715
印　　刷	济南新科印务有限公司
版　　次	2025年6月第1版
印　　次	2025年6月第1次印刷
开　　本	170mm×240mm　16开
印　　张	13.75
字　　数	200千字
书　　号	ISBN 978-7-5488-7367-9
定　　价	68.00元

如有印装质量问题 请与出版社出版部联系调换
电话：0531-86131736

版权所有　盗版必究